D1930213

Libelle

VZ VermögensZentrum

Angelika Overath

Händler der verlorenen Farben

Wahre Geschichten

Exklusive Ausgabe
für die Kundinnen und Kunden
des VZ VermögensZentrums

Liebe Leserin, lieber Leser,

das ganze Jahr über beschäftigen wir uns vor allem mit Geldanlagen und suchen Wege, um Ihre Zukunft abzusichern. Dazwischen ist es wertvoll, unseren Blick auch einmal in ganz andere Richtungen schweifen zu lassen. Als ich an einem Wochenende im Sommer diese Geschichten ungewöhnlicher Menschen las, stand die Zeit für ein paar Stunden still. Diesen Luxus möchten wir Ihnen zum Ende dieses bewegten Jahres schenken. Darum haben wir diese Kostbarkeit exklusiv für Sie neu aufgelegt.
Seit über 20 Jahren fängt die vielfach ausgezeichnete Autorin Geschichten aus ganz unterschiedlichen Welten ein. Im »Händler der verlorenen Farben« lernen wir zum Beispiel einen Drogisten kennen, der eine Marktlücke für alte Farben entdeckt. Er ist nicht nur Geschäftsmann, sondern ein Besessener, der auf der Suche nach verschollenen Farbrezepten und seltenen Rohstoffen die ganze Welt bereist. Staunend stehen wir mit der Autorin vor diesem besonderen Menschen und seiner Geschichte. Denn sie vermittelt uns mit jeder Zeile die Freude am Entdecken, ohne zu belehren. Das liegt auch an ihrer Sprache, die wie das Handwerk des farbensammelnden Drogisten gleichzeitig nüchtern und poetisch ist.
Angelika Overath nimmt uns mit hinter die Mauern eines provenzalischen Klosters oder an den Ort an der spanischen Grenze, wo Walter Benjamins Flucht endete. Sie porträtiert Hirten im kargen Arkadien, lässt sich an der Elfenbeinküste in die Geheimnisse von Heilerinnen einweihen und begegnet im Ruhrgebiet Menschen, die sich neue Existenzen erfinden.

Mit ihrem Sinn für die widerständige Normalität alter Lebensformen findet die Autorin Menschen, die aufgrund besonderer Leidenschaften oder Nöte Überlebensideen entwickeln mussten und sich für einen eigenen Lebensentwurf entschieden haben. Sie schaut mit neugierigem und respektvollem Blick und hält ein gelingendes Leben auch dort für möglich, wo sie Schmerz und Verlust registriert.

Sind Sie bereit für kurze Zeitreisen in unbekannte Welten, die in keiner Landkarte eingezeichnet sind? Ich lade Sie herzlich dazu ein und bedanke mich, dass Sie uns treu verbunden sind.

Ihr Tom Friess

Inhalt

»Reine Aussteigerinnen« ist der doppeldeutige Titel einer Reportage, die das Leben in einem Schweigekloster in der Provence beschreibt. Die klösterliche Welt wirkt so exotisch wie das Dorf an der Elfenbeinküste, in dem wir von der Ausbildung der Feticheusen erfahren – Frauen, die sich auf magische Gegenstände verstehen.

Drei Geschichten, die das Leben in entlegenen Gegenden Griechenlands schildern, lange vor der Griechenland-Krise. Hier halten Menschen an einer archaischen Lebensweise fest, die sich seit Jahrhunderten kaum verändert zu haben scheint.

»Unter Existenzgründern« erzählt von Abenteurern des Alltags, die im Ruhrgebiet den Spagat zwischen Selbstverwirklichung und Selbstausbeutung aushalten. Die Farbmischungen, die der »Händler der verlorenen Farben« rekonstruiert, verhelfen verblassenden Kunstschätzen zu neuem Glanz. Und »bis ins Mark« trifft uns die Geschichte zweier junger Männer, von denen der eine dem anderen mit seiner Rückenmarkspende die Hoffnung zurückgibt.

Zum Abschluss Annäherungen an drei große Dichter und Denker: Die Spurensuche führt zu Friedrich Hölderlin, Friedrich Nietzsche und Walter Benjamin.

Reine Aussteigerinnen

Paris, 13. September 1969. Dominique Chiron, Studentin der Rechte, 22 Jahre alt, wird von ihrem Vater an den Bahnhof gebracht. Beide verabschieden sich nur noch kurz. Dominique Chiron wird nicht zurückkommen. Sie reist ohne Gepäck. In Marseille wird sie von einer Frau empfangen, in deren Wohnung sie die Nacht verbringen kann. Am nächsten Morgen nimmt sie den Stadtbus Richtung Belle de Mai in das Viertel der Marseiller Tabakarbeiter. Die letzten zweihundert Meter geht sie zu Fuß. Sie zieht an der Glocke der unauffälligen Holztür Rue Lavat Nr. 28, die in einer gewaltigen Natursteinmauer verschwindet. Dominique Chiron wird erwartet.

14. September 1969, ein Sonntag in Marseille, ist heute für die 44jährige Schwester Véronique de la St. Face, stellvertretende Priorin, ein Datum, das ihr geläufiger ist als der Tag ihrer Geburt: Sie ist in das »Kloster der Opfer des Heiligen Herzen Jesu« eingetreten. Am Morgen dieses Tages hatte sie sich im Garderobenspiegel zum letzten Mal ins Gesicht gesehen.
Die Regel des Klosters verbietet Spiegel. »Dieu Seul«, Gott allein zu leben, bedeutet Verzicht auf sich selbst – auch auf das eigene Bild – und Verzicht auf die Welt. Die in der Klostergemeinschaft der »Opfer« versammelten Frauen sind Mystikerinnen, die ihr Dasein nach wie vor den strengen Regeln unterwerfen, die die Ordensgründer vor 150 Jahren erlassen haben. Nur in

Ausnahmefällen und in Anwesenheit der Priorin dürfen sie in einem dunklen Raum durch ein Sprechgitter mit gläubigen Verwandten oder Freunden kommunizieren. Wenn nicht ein schwerer Krankheitsfall es erzwingt, verlassen sie das Kloster nie.

Es kam einem Wunder gleich, daß der französische Photograph Olivier Martel nach jahrelangem Bemühen das Vertrauen der Priorin gewinnen konnte und die Erlaubnis erhielt, im Konvent zu photographieren. Die Frauen müssen in ihm ein Werkzeug Gottes gesehen haben, durch das sie einer breiten Öffentlichkeit ein Signal von ihrem verborgenen Leben, ihrer Hingabe und ihrer religiösen Leidenschaft geben sollten.
Um den Ordensschwestern auf der Stelle zeigen zu können, was er tat, arbeitete Olivier Martel zunächst mit einer Polaroidkamera. Mit Martels Photographien begegneten die Frauen nach Jahrzehnten, manche nach einem halben Jahrhundert, zum ersten Mal wieder ihrem eigenen Gesicht. Alle waren sehr erstaunt, gealtert zu sein. Nicht alle erkannten sich wieder. Sie versicherten, ihnen sei, als wären sie erst gestern eingetreten.
Die Bilder bewiesen ihnen etwas, das sie selbst nicht erlebt hatten: Zeit war vergangen. Diese verlorene Wahrnehmung erklärten sie bescheiden mit ihrem gleichförmigen, genau festgelegten Tagesablauf. Aber dann lachten sie. Der Augenblick, den das Polaroidphoto festhielt, war Fiktion. Die Wahrheit ist, daß Jahrzehnte ihres Lebens im Nu verfliegen, weil sie nichts anderes sind als ein kurzer Moment in Gottes Ewigkeit.

*

Ein schwarzer Schleier fällt über eine jutebraune Kutte und führt durch einen langen Gang; ein schwarzer

Schleier folgt. Der Boden ist aus roten Steinen gelegt, von der Art, die Spaziergänger noch heute auf den Plätzen des alten Marseille finden können. Die hohen weißen Wände sind mit Schrifttafeln versehen. So kommt das Betreten des Klosters dem Beginn einer Lektüre gleich: »Dies ist das Haus des Herrn und die Pforte zum Himmel.« Schritte weiter: »Sühne: Rettung der Seelen, Tröstung des Herzen Jesu.« Die beschriebenen Wände sind Textseiten, die einführen in das Lebensbuch der Klostergemeinschaft. Vor einer halbgeöffneten Tür halten Schleier und Kutte inne und umschreiben die Figur der Verneigung. Es öffnet sich der Raum zu einer weißen Kapelle. Drei Frauen knien in das Beten versunken vor dem weißen Marmoraltar. In einer Wandnische zeigt ein silberner Schrein hinter Glas die Hostie. An der Tür vorbei steigt eine kleine Treppe hinauf zu der mit Holzdielen belegten Vorhalle. Es riecht nach Weihrauch, Kerzenwachs und einem Rest von Salmiak.

Die Wände sagen: »Das Einhalten der Stille ist eine Frage von Leben und Tod für die Gemeinschaft.« Und weiter: »Seien wir nicht mittelmäßig. Niemand hat das Recht, in diesem Augenblick zu leben.« Den Kopf der Bibliothekstür signieren ein dunkles Kreuz, in den Farben der aufgemalten Wandsockel, und die Worte: »Immer lieben, immer leiden.« Die Tür wird geöffnet. Der Raum ist groß, hölzern und spärlich möbliert. Hinter Glas und Spanngardinen bleiben die Bücher in den wandhohen Schränken verborgen. Von der Stirnseite blicken Portraits der Ordensgründer herab. Man setzt sich.

Ein goldenes Nachmittagslicht malt Streifen auf die blankgewaschenen Holzdielen. Die 68jährige Priorin, Notre Mère, Schwester Marie du Sacre Cœur, beginnt: »Wir sind Jungfrauen. Wir streben danach, rein und heilig zu sein. Denn wird sind die Bräute des Herrn.«

Die stellvertretende Priorin, Schwester Véronique, lächelt. Die Hände der Frauen liegen unter dem Skapulier, das wie ein schmales Schild vom weißen Latzkragen über die Kutte zu den schweren Schuhen fällt. Die »Guimpe«, die weiße Haube, die sie unter dem Schleier tragen, nimmt Hals, Ohren, einen Teil der Wangen und die Stirn samt Haaransatz weg, so daß die Gesichter streng eingefaßt sind in ein klares Oval. Um den weißen Hals tragen sie den Strick mit Knoten, an dem der Gekreuzigte hängt.

Vor dem Fenster draußen bringt eine junge Nonne zwei Ziegen von der Weide zurück. An der alten Platane im Hof halten sie an. Während die Ziegen an ihrem Schleier schnuppern, bricht sie die lockere Rinde des Baumes ab und hält sie den Tieren hin. Die greifen mit den Lippen zu, und sie streichelt ihre Nasen, während sie die holzigen Plättchen beißen. »Wir haben«, spricht die Priorin weiter, »unser Leben Gott geschenkt. Von dem Tag an, da wir ins Kloster eingetreten sind, gehört es nicht mehr uns.« Ich blättere im Wörterbuch. »L'oblatation«, sagt sie, »ist ein altes Wort. Nehmen sie l'offrande.« Opfergabe repetiere ich und taste ein Wortfeld ab: sich opfern, sich hingeben. Die christliche Ehe sehe für die Frau eine demütige Rolle vor. Einem Mann gegenüber sei sie dazu nicht bereit gewesen. Wenn schon, wollte sie die perfekte Hingabe, und das sei die für Gott. »Die völlige Selbstaufgabe, ganz und gar. Voilà.«

*

Der Orden »Opfer des Heiligen Herzen Jesu« wurde am Fest Mariä Geburt, dem 8. September 1838, von Julie-Adèle de Gérin-Ricard, einer wohlhabenden Waisen, in Marseille gegründet. Die junge Frau hatte Gott ein Geschenk machen wollen. Sie dachte an ein Bouquet von Jungfrauen, dargereicht, um das göttliche

Herz zu trösten. Schon bald schloß sich ein enthusiastischer Priester an, der dem jungen Orden in einem Seitenflügel des Gebäudes einen kleinen Männerorden hinzufügte. Dieser starb jedoch mit der ersten Generation der Mönche aus. So blieb es das Lebenswerk von Père Jean, dem Frauenorden eine geschriebene Konstitution gegeben zu haben. Sie legt die theologischen Grundlagen der Glaubensgemeinschaft dar und regelt ihren Tagesablauf vom morgendlichen Wecken um 4.30 Uhr bis zum letzten gemeinsamen Stundengebet, nach dem die Nonne um 21 Uhr ihre Einzelzelle aufsucht. Der Tag eines »Opfers« gleicht einem Rosenkranz; gleichmäßig wechseln Stunden des Gebets mit Stunden der Arbeit.

In einer Vitrine verwahren die Nonnen Reliquien und Erinnerungszeichen des Père Jean: seinen Schulzirkel und einige seiner Bücher, sein Brevier, seine kleinen Marterinstrumente – die Bauchbinde mit den Nägelchen, die gebogenen Drahtbuchstaben und den Kerzenstummel, mit dem er sie erhitzte, um sich den Namen JESUS auf den Leib zu brennen –, die Belladonna-Zigaretten gegen sein Asthma, zwei seiner Locken, mit rosa Seidenbändchen zum Kreuz gebunden, Holzsplitter von seinem Sarg. Sein Leichnam liegt in der weißen Klosterkapelle begraben, und zwar so, daß sein Kopf im Territorium der Frauenkapelle ruht, seine Füße jedoch in dem durch die Wand abgetrennten Teil der ehemaligen Männerkapelle.

Das Kloster ist ein Haus voller Glockenschläge. Glockenzeichen erinnern an die Stunde des Gebets. Andere geben Alarm, wenn ein Lieferant oder ein Handwerker die Klosteranlage betritt. Dann greifen die Nonnen zu einem zweiten Schleier und bedecken ihr Gesicht. Jede Nonne kennt genau Zahl und Rhythmus der Schläge, mit denen sie selbst gerufen werden kann. Im Flur notiert eine Tafel ein Glocken-Morsealphabet für die Be-

wohnerinnen des weitläufigen Hauses. Untereinander kommunizieren sie mit einer etwa drei Dutzend Gesten umfassenden Zeichensprache, dem »faire signe«. Die Fingerspitzen auf den Kopf gelegt heißt: Ich suche Notre Mère; auf ein Auge gelegt: Ich suche ihre Stellvertreterin; faßt sich die Nonne an den Schleier, sucht sie die Mère Maîtresse, die Lehrerin der Novizinnen; faltet sie die Hände, geht sie zur Anbetung in die Kapelle; kreuzt sie die Finger, ist sie auf dem Weg zum Parloir. Sie gibt auch ein Zeichen, wenn sie die Toilette aufsucht, dann faßt sie sich an die Stirn.
Das »faire signe« überzieht die Gemeinschaft der Nonnen mit einem lautlosen Netz ständiger gegenseitiger Aufmerksamkeit, die jedoch nicht Gefahr läuft, in die Eigendynamik eines Gesprächs zu geraten. Die gesprochene Sprache des Klosters ist das im Brevier fixierte Gebet, das Psalmodieren auf einer Note oder die laute Lektüre geistlicher Texte etwa während des Mittagessens. Was nach den Mahlzeiten, in den kurzen Erholphasen, der »Récreation«, gesprochen wird, ist ein von der Priorin angeleitetes Sprechen in der Gruppe. Das Klosterleben ist so durchstrukturiert, daß in ihm Sprache als Ausdruck eines Individuums keine – zumindest keine wichtige – Funktion haben soll. Eine Schrifttafel sagt: »Die stille Seele hört Gott.« Höflich, um Gott nicht zu unterbrechen, schweigen sie.

*

Ich war ohne Aufnahmegerät gekommen und hatte mir vorgenommen, zu Beginn meines Aufenthalts nicht mitzuschreiben, um die Lebensform der Frauen nicht zu stören. Das war naiv gedacht. Notre Mère befand durchaus, daß eine Journalistin mitschreiben solle. Ihre Geduld mir gegenüber habe ich als eine ihrer Bußleistungen verstanden.

Der Ritus des täglichen Einlasses in den Konvent blieb gleich. Von der Besucherzelle bei Madeleine, der weltlichen Gehilfin der Schwestern, die mit dem Hausmeisterehepaar Nougier im alten Mönchsflügel wohnt, komme ich herüber an die hohe Tür, die in den inneren Bereich des Frauenklosters führt. Hier muß die Glocke gezogen werden. Nach Minuten des Wartens öffnet sich durch Kettenzug die etwas abseits liegende Tür ins Parloir, das Sprechzimmer. Vor dem eigentlichen Gitter ist ein schwarzer Drehturm in die Wand eingelassen. Er dient als Durchreiche mit Sichtschutz für die Post oder die alltäglichen Geschenke der Gläubigen aus der Nachbarschaft, die ein Brot, eine Flasche Öl, ein gebrauchtes Paar Schuhe eintauschen gegen ein Gebet. Ich gewöhne mir an, laut in das runde Schwarz zu sprechen, jedesmal erleichtert, wenn tatsächlich Schwester Marie Ange de Gethsémané antwortet. Sie ist die innerklösterliche Hausmeisterin und für die Kontakte im Parloir zuständig. Ich bitte um Einlaß: Gelobt sei Jesus Christus. »Ainsi soit-il!« So sei es. Ich verlasse den dunklen Raum, um draußen vor der Konventstür wieder zu warten, bis schließlich nach weiteren Minuten das Geräusch von vier sich öffnenden Schlössern die Priorin und Schwester Véronique ankündigt. Ein schwarzer Schleier führt, ein schwarzer Schleier folgt: Wer hier eindringt, tut keinen Schritt ohne Aufsicht. Die Frauen kommen zum Gebet zusammen. An der Kapellentür taucht die erste zwei Fingerspitzen in das Weihwasserbecken und gibt es den Fingerspitzen der nächsten Schwester weiter. Die dritte Schwester taucht die Finger in das Becken und gibt den Tropfen der vierten weiter. Die fünfte gibt der sechsten. Zu zweien betreten sie den heiligen Raum, knien synchron vor dem Altar, küssen die Holzdielen des Bodens, stehen auf, verbeugen sich gegeneinander. Ihre Bewegungen sind langsam und fließend. Ein At-

tribut kommt ihnen zu, das das Französische in eine einzige Vokabel faßt: Grâce. Die deutsche Sprache trennt hier: Anmut und Gnade und Dank.
Alle diese Frauen sind Töchter von Eltern, Schwestern unter Geschwistern, waren Freundinnen unter Freundinnen und Schülerinnen in einer Klasse. Einige haben studiert, andere arbeiteten in Büros, manche sind Lehrerinnen gewesen oder haben auf dem Land mitgeholfen. Nun sind sie nichts mehr von alledem; sie sind Bräute eines göttlichen Gemahls, dem sie sich täglich unterwerfen: »Ich bitte Dich um Verzeihung, ich bete Dich an, ich liebe Dich.« Sie beten auf den Knien, die geschlossenen Augen dem Altar zugewandt, die Hände gefaltet. Bis sie aufstehen, um sich auf das heruntergeklappte Holzbrett ihres Gebetsstuhls zu setzen. Die Priorin nimmt ein Stundenglas und dreht es um: Sand rieselt. Die nächste Viertelstunde verharren die Frauen in regungsloser Meditation.

*

Gegen Ende der 14 Tage, die ich im Kloster verbrachte, war es mir möglich, Interviews mit einigen der Frauen zu führen. Diese Gespräche waren vorbereitet und fanden in Anwesenheit der Priorin und Schwester Véroniques statt.
Schwester Marie Jacinthe du Cœur Immaculé ist die Jüngste. Wer sie samstags sieht, wenn sie mit der hohen Leiter auf den Altar steigt und von dort, auf den Zehenspitzen balancierend, mit dem Wedel die Schnitzereien des hölzernen Baldachins abstaubt, der ahnt, warum es praktisch ist, wenn die jungen Nonnen gleich nach dem Noviziat in der Sakristei helfen. Schwester Jacinthe ist 28 Jahre alt; seit vier Jahren lebt sie den strengen Alltag eines Opfers. Ihre »Vocation«, die göttliche Berufung in den Stand der Nonne, war ihr nicht

spektakulär vorgekommen. Etwas wachse in einem. Sie habe lange nicht gewußt, ob Gott wirklich wolle, daß sie in ein Kloster käme. Sie sei überhaupt sehr lebhaft gewesen, ein junges Mädchen in Marseille, wie andere auch. Aber wenn Gott einen rufe, ändere man sich, wie dann im Kloster übrigens auch, sehr schnell.
Als sie 16 oder 17 Jahre alt war, habe sie etwas in sich gespürt, das sei so schön gewesen und ihr so kostbar erschienen, daß sie es um keinen Preis habe verlieren wollen. In der Welt – das ahnte sie – würde sie sich diese Liebe nicht bewahren können. Sie wußte nicht, wohin sie gehen sollte. Ein Priester nannte ihr die Adresse der »Opfer des Heiligen Herzen Jesu«. Ihre Tante, Nonne in einem modernen Orden, riet ab: »Willst du in einer Kutte herumlaufen wie im Mittelalter! Das dort ist die Religiosität des 19. Jahrhunderts, das hat mit unserer Wirklichkeit nichts zu tun.« Sie kaufte sich einen Stadtplan von Marseille und suchte die Rue Lavat. Am Sprechgitter hörte sie das Lachen der Priorin und die sanfte Stimme Schwester Véroniques. Durch den Drehturm nahm sie Bücher entgegen. Sie informierte sich über andere Orden, erwog eine missionierende Gemeinschaft. Als einmal unvermittelt die Stimme der Priorin am Gitter fragte: »Wo willst du nun eintreten?« habe sie »hier« geantwortet. Zu Hause sagte die Mutter kein Wort, der Vater weinte.

*

Schwester Marie Jeanne d'Arc heißt Marie, wie alle Schwestern des Ordens, und Jeanne d'Arc, weil sie aus Reims gekommen war. Ihr Vater arbeitete dort als Arzt, und so hatte die Priorin befunden, daß sie die klösterliche Krankenschwester werden solle. Dabei hatte sie etwas anderes studiert. Aber Belesenheit in der lateinischen und französischen Literatur des Mittelalters wird im Kloster nicht gebraucht. Hingegen muß ein Kräutergarten gepflegt, die Klosterapotheke verwaltet, die Krankenkartei der Schwestern geführt werden. Nützlich ist, wenn eine Schwester etwas von Massage versteht und einen Verband anlegen kann. Schwester Jeanne d'Arc vergaß die Poesie und wurde Profi in Erster Hilfe.

Sie ist 46 Jahre alt und hat das Gesicht einer 26jährigen Novizin. Ihre Haut, die seit Jahrzehnten allein mit Wasser und selbstgekochter Seife in Berührung kommt, straft die Verheißungen der Kosmetikindustrie Lügen. Aber das weiß sie nicht. In ihrem Elternhaus wurde religiös gelebt, wobei die Mutter und die Töchter katholisch waren, der Vater und die Knaben evangelisch, bis der männliche Teil konvertierte. Damit Ruhe sei. Sie war Taufpatin ihres Bruders. Nachdem das Sakrament vollzogen war, begab sich die Festgemeinde aus der Kathedrale hinaus auf den Vorplatz, wo sich ein Jahrmarkt ausgebreitet hatte. Zwangsläufig mischte man sich unter die laute, bunte Menge, in der es nach Mandeln roch und nach gebratenem Fleisch. In der Kirche aber, dachte die junge Patin, bleibt nun Gott allein. Augenblicklich schien ihr die Tatsache, Gott in der leeren Kathedrale zurückgelassen zu haben, eine Versündigung zu sein, und sie wußte, daß sie anders leben wollte. Sie brauchte den dauernden Bezug, das ständige Zusammensein mit Gott.

Die »Opfer des Heiligen Herzen Jesu« beten ihren göttlichen Gemahl in der Kapelle ununterbrochen an. Mindestens eine von ihnen ist immer bei ihm. Ein Stundenplan neben der Bibliothek notiert, wann welche Schwester in der Kapelle bleibt. Tagsüber wechseln sich die Schwestern alle halbe Stunde ab, nachts alle anderthalb Stunden. So schläft eine Nonne zwei Nächte durch, in der dritten wacht sie ihre Zeit.

Weil sie sie gern hat, versorgt Schwester Jeanne d'Arc

die Ziegen Bichou und Bichette. Früher hatten die Nonnen Schafe; aber Schafe, sagen sie, bleiben verschlossen. Ziegen hingegen könnten Zärtlichkeit zeigen. Hinter den Ohren tragen sie kleine Madonnenmedaillen; damit sie besser Milch geben. Nach der Meditation wird Schwester Jeanne d'Arc hinübergehen in den Stall und beim Melken helfen. Sie klettert auf den Heuboden und holt Futter herunter. Schwester Marie Marguérite du Divin Cœur, die für die Sakristei zuständig ist, setzt die Zapfen der Melkmaschine an das Euter der Klosterkuh. Mit der Hand melkt sie dann nach. Später, während der heiligen Messe, die ein alter Pater täglich bei den Nonnen liest, kann es sein, daß ein Hauch von Stall über der Szene liegt. Aber die Nonnen riechen es nicht mehr, und Jesus ist das von Kindheit an gewohnt.
In ihrer Seele vereint Schwester Jeanne d'Arc den Willen zur Buße mit der Fähigkeit zum Glück, eine im Kloster verbreitete Variante der Empfindens. Sie habe gelernt, daß wer von sich absehe, plötzlich eigentümlich frei sei. Der Spiegel, der ihr Verhalten bestimme, sei das Gesicht ihrer Mitschwester. Sie sei ins Kloster gekommen, um Buße zu tun. Aber das Überraschendste für sie war, daß sie, fast gegen ihren Willen, glücklich geworden ist. Das aber habe seine gnadenvolle Richtigkeit. Der Herr wünsche sich eine glückliche Braut.
Im nächsten Frühling jährt sich ihr Eintritt zum 25. Mal. Sie feiert Silberne Hochzeit. Sie wird den Kranz aus weißen Seidenrosen tragen, mit den langen schwarzen Dornen. Das erste Mal trug sie ihn nach Beendigung des zweijährigen Noviziats, das an die sechsmonatige Probezeit anschließt. Das zweite Mal trug sie ihn drei Jahre später, als sie ihr Gelübde auf Lebenszeit sprach: Sie sage ab den Sinnen, sich selbst und der Welt. Sie gelobe Armut, Keuschheit, Gehorsam und Eingeschlossenheit. Mit 72 Jahren wird sie Goldene Hochzeit

feiern. Zum letzten Mal trägt sie ihn nach ihrem Tod, wenn die Mitschwestern sie feierlich und schön in der weißen Kapelle aufbahren und die Totenwache halten.
Das Kloster besitzt vier dieser Kränze. Sie werden in einem Karton oben im Wäschezimmer aufgehoben, wo auch die Schränke stehen, gefüllt mit den für jede Nonne numerierten Wäschestücken. Rosenkränze wechseln über den schwarzverschleierten Köpfen der religiösen Frauen, Brautschmuck, der endlich den Tod krönt. Das Glück einer Nonne kann darin bestehen, sehr leicht zu sterben. Ihr Leben, das die Unio, die mystische Vereinigung mit Gott anstrebt, steht mit dem Tod vor seiner Erfüllung.

*

Zwei Gebetsstühle weiter sitzt Schwester Marie Emanuelle des Anges. Die besondere Weise, wie sie niederkniet und aufsteht, wie sie beim täglichen Bußgebet die Arme in Kreuzform ausstreckt und während der Minuten des Betens waagerecht hält, die Haltung ihrer Hände allein, könnte einen Beobachter aufmerksam werden lassen. Schwester Emanuelle ist Tänzerin gewesen.
Heute sieht sie nach dem Refektorium, dem Speisesaal des Klosters. Nach den Mahlzeiten wischt sie die Tische feucht, dann mit einem trockenen Tuch ab, sie fegt die Brotkrümel von den Bänken und ordnet die Kissen, die an den Plätzen der älteren Schwestern liegen. Bei weit geöffneten Fenstern kehrt sie den Steinboden.
Als Mitglied einer klassischen Ballett-Truppe ging sie auf Tourneen. Sie hat in Frankreich getanzt, in Belgien, in Berlin, einmal in Montreal. Sie habe hart gearbeitet. Beim Tanzen brauche man viel Willen, um immer gut zu sein, um sich ständig zu korrigieren, um keine Fehler zu machen. Man müsse sich dauernd anschauen. Im

Kloster sei es das Gegenteil, man versuche, sich zu vergessen. Sie habe sich völlig umgekehrt.
Schwester Emanuelle hatte religiöse Bekannte hier im Viertel und war fast zufällig – »Schau' es dir doch einmal an!« – ans Parloir gekommen. Sie sei neugierig geworden. Sie hätte gerne gewußt, was die Nonnen den ganzen Tag hinter den Mauern tun. Sie ahnte ein Mysterium, das sie zu interessieren begann. Im dunklen Raum des Parloir sprach sie mit der Priorin. Als sie hörte, wie im Hintergrund zwei Nonnen tuschelten, war sie erleichtert. Mein Gott, dachte sie, sie tuscheln, sie sind ja wie du. Sie fuhr zurück nach Paris und beobachtete, wie es ihr schwerfiel, ein normales Leben aufzunehmen. All diese Leute, all diese Köpfe. Sie tanzte. Sie saß in der Metro und las im Faltprospekt des Klosters. Es wurde Winter, und sie dachte an die Schwestern. Die Armen, sie heizen nicht. Endlich begann sie eine Korrespondenz. Die Priorin lud sie ein, einige Tage bei Madeleine in einer Zelle zu wohnen. Sie kam im Juli. Sie reiste nach Paris zurück. Sie tanzte. Sie spürte, daß etwas, vielleicht war es Gott, in ihr arbeitete. Zunehmend wuchs die Entfernung zu ihrem täglichen Leben. Das alles ging sie nur noch erschrekkend wenig an. In einem Brief teilte sie ihrer Freundin den Entschluß mit, in das Kloster einzutreten. Und weil es eine wirkliche Freundin war, setzte sie sich sofort ins Flugzeug und kam. Beide verbrachten noch einige Tage zusammen. Ihrer Truppe sagte sie nichts. Nach den Sommerferien erschien sie nicht mehr zu den Proben; sie war mit 32 Jahren Nonne geworden. Heute erinnert sie sich an die beglückende Empfindung, von einer Gemeinschaft erwartet zu werden. Sie hatte gespürt, daß die Schwestern für sie beteten, sich auf sie freuten und sie liebten, noch bevor sie bei ihnen war.

*

Schwester Marie Gemma de Jésus kennt jede ihrer Mitschwestern als Novizin. Darauf ist sie stolz. Die heute 81jährige lebt seit 58 Jahren im Brautstand der Nonne. Vier Mal hat sie die Dornenkrone mit den Seidenrosen getragen; dem letzten Mal sieht sie freundlich entgegen.

Ihre Wangen sind rosa vom Wind auf den Feldern. Als eine der vier Laienschwestern des Klosters arbeitet sie auf den Ländereien und im Garten. Sie geht gebückt, immer ein Kräutlein im Blick. In ihren Händen können Hasen schlafen. »Pour les petits lapins«, für die Häschen sammelt sie in ihrer blauen hochgebundenen Schürze den Löwenzahn auf den Wiesen, oder sie bringt die gekochten Kartoffelschalen aus der Klosterküche. 60 Hasen in 25 Hasenställen kennen Schwester Gemmas Schritt genau. Wenn sie hören, wie sie das Gatter zum Hühnerhof öffnet, stürzen sie vor und trommeln mit ihren Vorderläufen gegen den Draht. Auch die Hühner reagieren. Aber gelassener. Das kupferbraune Federvieh, das in den tiefen Ästen des Feigenbaums schaukelt, springt herunter auf den sandigen Boden und trippelt gackernd der Kutte nach. Hühner leben im Kloster autarker als Hasen. Sie verfügen über den Feigenbaum und die Zwetschgen. Und abends genießen sie frei in den ausgescharrten Sandkuhlen das rosa Licht vom Meer.

Schwester Gemma ist unterwegs auf zwei Hektar des klösterlichen Anwesens. Sie hört die Glocken, die vier Mal am Tag zum Stundengebet rufen, aber als Laienschwester folgt sie ihnen nicht in die Kapelle, um die lateinischen Psalmen zu singen. Zwischen Himbeerstauden oder bei den Tomaten schlägt sie ein Kreuz und spricht mit ihrem Herrn ein Wort. »Vocation«, Berufung ist ihr eine unnötig große Vokabel. Bei der Erstkommunion habe sie sich gewünscht, als Schwester zu leben. Mehr ist nicht zu sagen. Ihre Eltern waren als

Gastarbeiter aus Italien gekommen, der Vater aus Civitavecchia, die Mutter aus Sardinien. In Marseille hatten sie gehofft, Arbeit zu finden. Der Vater kam in einer Kalkbrennerei unter, ruinierte seine Lunge und ernährte sechs Kinder. Sie, Angelina, die Erstgeborene, habe er sehr geliebt. Er habe sie nicht ins Kloster gehen lassen wollen, weil er fürchtete, sie werde dort nicht froh. Alle anderen Geschwister sind verheiratet und haben Kinder. Sie aber habe keinen Mann heiraten mögen. Sie wollte leben »pour le bon Dieu«, für den lieben Gott. Sie habe viel Kraft, immer noch. Sie muß einige Dinge im Garten erledigen. Wenn die Felder und Wiesen des Klosters lächeln könnten, hätten sie Schwester Gemmas Gesicht.

Wer nicht weiß, wie lange sie schon im Kloster ist, kann es präzise genug ablesen am Jesus aus Messing, der am Holzkreuz auf ihrer Brust liegt. Der Gekreuzigte der jungen Nonnen zeigt noch genau alle Gliedmaßen in feiner Kontur. Der von Schwester Gemma ist nurmehr eine Grundform seiner ursprünglichen Gestalt, von den Fingern abgenutzt wie ein Kiesel im Fluß.

*

Die Mystikerinnen des Heiligen Herzen Jesu legen Wert darauf, für ihren Lebensunterhalt weitgehend selbst aufzukommen. Ihr ökonomisches Rückgrat ist der kleine Bauernhof mit dem Obst- und Gemüseanbau. Jedes Jahr nach Ostern veranstalten Freunde einen Wohltätigkeitsbasar im Vorhof des Klosters und im Garten Madeleines. Neben eingetopften Setzlingen und Blumen, Marmeladen, Likören, geschlachteten Hasen und Handarbeiten werden Jesuskinder aus Wachs in allen Größen angeboten. Die Nonnen stellen sie her aus Kerzenresten, die sie, geschmolzen, in Metallmodel gießen. Den erkalteten Formen nähen sie spitzenbesetzte Kleidchen und drehen für sie Locken

aus dem Haar, das sich jede von ihnen von Zeit zu Zeit mit einer Schere nach Gefühl abschneidet.
Begehrt sind ihre bemalten Krippenfiguren aus Terracotta: die Heilige Familie und die Könige mit dem Kamel, ein Fischer mit Mütze und des Fischers Frau, die Wiegegewichte hält; eine Frau mit Knoblauchzopf und eine mit Brot, eine, die den Esel führt und eine mit dem Fasan, ein Müller mit Mehlsäcken. Alle, die zur Krippe kommen, tragen provençalische Tracht mit winzigen Stoffmustern.
Die Windelpakete fürs Jesuskind und das graue und braune Fell von Esel und Kuh dürfen alle Nonnen malen, die mit einem Pinsel umgehen können. Die Gesichter aber macht allein Schwester Marie de Jésus Enfant. Die ehemalige Deutschlehrerin setzt in Serie das helle Blau der Iris in den weißen Punkt des Augapfels. Später zieht sie den Strich für den kleinen Mund mit nur einem Haar und legt das Tonkind zurück in den Pappkarton voller Jesuskinder, die ihre Beinchen anwinkeln wie Frösche.
Das mit Glockenschlägen wechselnde Leben ist ein Leben in wechselnder Stille. Es gibt eine Stille morgens beim gemeinsamen Frühstück im Refektorium, wenn die Frauen im Rechteck an langen schmalen Holztischen sitzen. Eine jede nimmt aus ihrer Tischschublade ein Stück Brot und ihre numerierte Stoffserviette. Auf dem Tisch steht die Tonschale, gefüllt mit süßem Milchkaffee. Die Schwestern blicken nicht auf; sie wittern einander. Vor dem Fenster dämmert der Morgen. Aus dem Garten kommen Vogelstimmen. Sie löffeln den Kaffee mit dicken Holzlöffeln. Manche beißen das Brot dazu ab, manche brocken es ein. Sie essen gleichmäßig, jede ruhig vor sich hin. Mit den letzten Brotstücken wischen sie die letzten Tropfen des Kaffees aus den Tonschalen, gießen aus Krügen ein wenig Wasser hinein und waschen mit dem Zeigefinger den Holzlöffel ab.

Sie öffnen die Schublade, falten die gestärkte und gebügelte Stoffserviette genau zusammen und legen den Löffel sorgfältig darauf, bereit für das Mittagessen.
Still ist die Arbeit auf den Ländereien. Wenn eine Nonne mit dem Schubkarren über das Feld kommt, ist sie immer ein wenig schneller als der leichte Schleier, der die Bewegung zu verzögern scheint und noch ein wenig in der Luft stehenbleibt. Schleier über Himbeerstauden, Schleier im Artischockenfeld, unter dem Quittenbaum, hinter dem Lorbeer. Angepflockt meckern Bichou und Bichette. Eine Möwe zieht schreiend ihren Kreis über den Narzissen und den dunkleren Lilien beim sorgfältig angelegten Kreuzweg, der, wo der Judasbaum steht, in den Kalvarienberg mündet mit den lebensgroßen Heiligenfiguren aus Gips. Unterdessen aber schreitet gelassenen Schrittes Schwester Köchin die Reihe der Hasenställe ab.
Es gibt die plätschernde Stille im alten Waschhaus, wo auf Knien die blauen Baumwollschürzen gewaschen werden, die grobleinenen langen Unterhemden und ein oder zwei Kutten. Jede Frau besitzt nur ein »saint habit«, ein heiliges Kleid für gut zehn Jahre. Gestopft, mit ausgewechselten Ärmeln und immer wieder geflickt, trägt es die Nonne bis an sein Ende. Muß es gewaschen werden, leiht ihr die Gemeinschaft das abgelegte Kleid einer gestorbenen Mitschwester. Wurzelbürsten reiben über den Stoff, Wäschestücke tauchen ein in die vier steinernen großen Waschbecken und werden mit langen Stöcken darin bewegt, damit sich die Seife auslöst. Schwester Marie Ange de l'Eucharistie trägt mit Plastikärmelschonern einen dampfenden Kessel heißen Wassers vom gemauerten Ofenhaus. Sie ist die Verantwortliche der Waschtage, ansonsten repariert sie Schuhe. Schwester Jacinthe, die Jüngste, wendet Wollstrümpfe und legt sie zum Trocknen auf einen Holzbock.

Still ist das Schreiten in den langen Gängen, wenn die bewegte braun-schwarze Silhouette von Kutte und Schleier die Haltung einer jeden verstärkt, so daß sie schon von weitem erkannt wird, noch bevor ihr Gesicht auszumachen ist. Und es gibt jene späte Stille am Abend, wenn die Arbeit getan, die Stundengebete gesprochen sind. Die Zelle der Nonne hat weder Wasser noch Licht. Auch keine Kerze. Hier ist das Bett, hier der Stuhl, da das an die Wand montierte Brett mit der Seife, der Zahnbürste, dem abgegriffenen Brevier. Am Boden steht die Tonschüssel mit dem Wasserkrug. Am Kleiderhaken hängt das Hemd für die Nacht. Lautlos faltet sie vor dem Schlaf den Schleier zusammen wie einen Flügel.

*

Bevor ich abreise, fragen mich Notre Mère und Schwester Véronique, ob sie mir ein Vesperbrot einpakken sollen. Ich danke, das sei nicht nötig, im Flugzeug gäbe es immer etwas. Sie schauen mich sehr erstaunt an. Bis ich begreife: So sind wohl die Menschen in der Welt. Da sitzen sie einmal im Himmel, und was tun sie? Sie essen. Zwei Gesichter im strengen Oval lachen. Dann schließt sich die Tür des Konvents. Und ich gehe an Autos vorbei und über einen Zebrastreifen zurück. In der Snack-Bar an der Ecke der Rue Lavat, Endstation Buslinie 49, flippert eine junge Mutter; ihr Baby im Kinderwagen greift aufmerksam nach seinen Fingerchen. Auf dem Platz in der Sonne hocken eng auf einer Bank vier farbige Frauen mit hellgekleideten Kindern. Vor ihnen spielen einige Hunde mit Tüten, die der Wind ihnen entgegentreibt. Ein Mädchen, den kleinen Bruder an der Hand, kauft im Papierladen ein Los zum Rubbeln und noch eins, das ihm auch kein Glück bringt. Andere Frauen verschwinden in Geschäften hinter hohen Plakaten mit Sonderangeboten.

Unter Fetischeusen

Vornübergebeugt sitzt Ahi Alloua Eugeni mit ihrem Schemel auf der roten Erde. Ihre rechte Hand nimmt eine geschälte und abgekochte Maniok-Wurzel und legt sie auf den Boden des Holzmörsers; ihre Linke führt einen anderthalb Meter langen Pfahl, mit dem sie in den Mörser stößt. Die helle Frucht zerfällt fasrig unter dem stumpfen Druck. Alloua taucht ihre Hand in Wasser und streicht die sich langsam bildende Maniok-Masse von den Rändern des Mörsers zur Mitte hin zusammen, bis sie daliegt wie ein gut geschlagener Hefeteig.

Abends liegt ein Klopfen über den sandigen Höfen von Tengouelan mitten im tropischen Wald. Es ist nicht der Ton des Tam-Tam, sondern der ebenso komplizierte Rhythmus von Frauen und Mädchen, die in Mörser stoßen. Ihr dunkles Echo gibt eine Botschaft kund: hier, im Land der Agni, im Osten der Elfenbeinküste an der Grenze zu Ghana, ist die Erde noch fruchtbar und für alle da. Jeder kann losziehen und sich Boden urbar machen, für Maniok und Kochbananen, Kaffee und Kakao, für Ignam, Auberginen, Tomaten und den scharfen Piment. Die mächtigen Familien haben ihre Anpflanzungen in direkter Nähe des Dorfes, die ärmeren müssen weiter hinausgehen. Aber der immerfeuchte Wald setzt den Kultivierern von Tengouelan noch keine Grenzen.

In abgesprungene Emailtöpfe, die einst heil und ganz, blau, grün oder türkis waren, legt Alloua nun schöne glatte Rundlinge. Was sie zubereitet hat, ist kein »Teig«, kein »Kuchen«, kein »Brei«. Also »Dampfnudel«, »Buchtel«, »afrikanischer Knödel«? Unsere Wörter nähern sich vage an. Allouas Speise bleibt ein tägliches Brot, für das wir keinen Namen haben. Alloua nennt es »Foutou«.

Alloua ist 38 Jahre alt und von Beruf Feticheuse, eine Frau also, die mit Fetischen, mit magischen Gegenständen, arbeitet. Sie ist nicht »Priesterin«, »praktische Ärztin«, »Psychiaterin«, »Lehrerin«; wir aber werden sie so nennen müssen, wenn wir übersetzen wollen, was sie tut.

Sie hat sich mit dem Rücken an die rote Lehmwand eines Hauses gesetzt und hat keinen Hunger. Sollen die anderen essen. Die Männer unterm Mangobaum, die Frauen am Feuer, die Kinder irgendwo. Alloua sieht schräg gegen den Abendhimmel über den Hof, wo auf den Wellblechdächern Kürbisschnitze zum Trocknen ausliegen, im letzten Licht wie glühende orangenfarbene Monde.

Alles hatte vor ziemlich genau sieben Jahren angefangen. Mit ihrem Neugeborenen auf dem Arm war sie im Hof hingestürzt. Und als man sie aufhob, war sie eine andere gewesen. Die Gegenstände verschwammen ihr vor Augen, und sie hatte die Sprache verloren. Ihre Glieder waren schwer, jeden Tag wurde sie dünner. Damals hatte sie in Divo gelebt, fast 400 Kilometer entfernt von hier, als junge Frau eines Gendarmen. Der hatte sie sofort in eine Klinik bringen lassen, wo sie mehrere Monate blieb, ohne daß die Ärzte die Ursache für ihren Zustand hätten finden können. Ihre Familie brachte sie schließlich zu Akoua Mandodja, der berühmtesten Feticheuse der Elfenbeinküste, nach Tengouelan.

Für die damals fast 80jährige schwarze Priesterin stand die Diagnose schnell fest: die Geister hatten sich der jungen Frau bemächtigt. Man mußte nun mit ihnen verhandeln. Gelang es nicht, sie von Alloua abzubringen, war es ratsam, die Verwirrte zu initiieren. Vor ihr lagen dann die harten Lehrjahre einer Feticheuse.

Alloua begann ihre Ausbildung unter Tränen, hier im Hof unter dem alten Mangobaum. Sie lernte die ersten und bald auch die komplizierten Schritte des rituellen Tanzens, wurde eingeweiht in die Kunst der Pflanzenheilkunde, in die Kulthandlungen der Geisterverehrung und in die besonderen Techniken, die es einer Feticheuse erlauben, mit den Unsichtbaren zu korrespondieren und ein Medium zu werden für die Toten.

Als Akoua Mandodja am 13. Oktober 1991 starb, waren ihre einstigen Schülerinnen zurückgekommen zur Feier des hohen Begräbnisses. Sieben Tage lang tanzten in Tengouelan 200 Feticheusen aus dem ganzen Land. Alloua trägt noch ein Amulett, das ihr die alte Herrin aus blauem Faden geknüpft hat. Die eingeflochtenen Haare der Buschratte beschützen vor bösen Menschen, die kleinen braunen Perlen und die weißen Muscheln bringen Glück, die weißen Perlen lassen ihre Füße im Tanz leicht sein, die roten Filzstückchen verleihen dem Amulett Kraft. Eine Perle, die »Katzenauge« heißt, macht, daß sie alles, was sie in Trance sieht, klar und deutlich aussprechen kann. Ein Hundezahn beschließt das Ensemble.

Heute lebt Alloua wieder in Divo. Sie ist für einige Wochen zu einem rituellen Besuch nach Tengouelan gekommen, ins Dorf ihrer toten Meisterin. Allouas Mann ist mittlerweile pensioniert. Nein, jung ist er nicht mehr, aber Alloua ist ihm dankbar, denn er hat zu ihr gehalten, als sie diese Probleme mit den Unsichtbaren hatte. Er habe ihr erlaubt, wegzugehen und die Ausbildung zu machen. Er habe zugelassen, daß sie ihr Leben ändern mußte.

⋆

Zwei Feuer weiter praktiziert seit Jahrzehnten Ahissia. Auch sie kommt aus der Schule von Akoua Mandodja. Wenn man sie fragt, wie alt sie sei, wendet sie sich an ihren jüngeren Bruder Toussaint, der sich meist in ihrer Nähe aufhält. Beide diskutieren kurz in der Stammessprache Agni, bis Toussaint bescheiden lächelt und in schönem Französisch leise sagt: »So ungefähr 50.« Ahissia lebt ohne Kalender und träumt von einer Uhr, die sie nicht braucht. Sie liest die Zeit präzise am wechselnden Licht. Sie hört die Stunde an den Geräuschen der Tiere. Die freilebenden Hühner wachen früher und energischer auf als die Schafe, die zögernd die ersten Schritte über den Hof setzen. Ahissia kennt die Sonne im Zenit, die surrende Stille des Nachmittags, den Einsatz der Grillen in der Dämmerung, die nächtlichen Schreie der Frösche. Ahissia hat nie ein Wort entziffert, aber fließend liest sie die Bahn der Gestirne. In Fragen der Heilkunde gilt sie weithin als Autorität.

Der Innenraum von Ahissias Hütte ist zweigeteilt. Rechts steht das Bett, links wohnen die Fetische: im Dunkel des fensterlosen Raumes, in den nur durch die offene Holztür ein Lichtstreifen fällt, liegen Steine und Muscheln, Säcklein mit Perlen, hingestreut Wurzeln und Rinden vor kleinen einfachen Holzfiguren, Figurationen der Unsichtbaren. Daneben Tam-Tam in verschiedener Höhe, Rasseln aus Holz, Metallschellen und Klanghölzer. Die Geister lieben Musik und Tanz. An der Wand steht ein niedriger Altar, der ganz in dunkle, zerknitterte steife Tücher eingewickelt ist. Über allem liegt ein Hauch von Kaolin, dem weißen Puder der Feticheusen. Sie gewinnen es aus einem gleichnamigen Kalkstein und überziehen damit alles, was rein sein soll. Ahissia war bereit, ihre Kunst dem europäischen Blick auszusetzen, wenn die Unsichtbaren es genehmigten.

Ihr Antrag wird positiv entschieden durch ein vor Ort geschlachtetes Huhn, das nicht bäuchlings verendet, sondern die Beine in den Himmel streckt. Wir dürfen mitkommen.

Ahissias Apotheke ist der Dschungel. Manchmal bleibt sie stehen, geht in eine Hocke, in der die Oberarme auf den Oberschenkeln ruhen und Kopf, Rücken und Gesäß eine Gerade bilden. Sie verharrt wie ein Vogel und zeigt Toussaint, wo er den Weg freischlagen soll. Sie findet die Rinde des Django-Baums. Aus seinen Fasern braut sie einen diagnostischen Sud: werden Patienten damit eingerieben, lassen sich an den Hautreaktionen verschiedene Krankheiten ablesen. Prinzipiell unterscheidet eine Feticheuse sehr genau zwischen Krankheiten, die durch Geister provoziert werden, und Krankheiten ohne höheren Grund. Aids ist Aids. Und Tengouelan ist frei davon. Und Malaria hat auch nichts mit den Unsichtbaren zu tun, nur mit Fliegen. Aber es gibt eben verschiedene Grade des Verrückt-Seins, Stufen der Transzendenz, des Hinübergleitens in andere Zustände, die das Dasein eines Menschen unlebbar machen können. Es gibt böse Fremdheiten und Verweigerungen. Ahissia kennt kein Wort für »Magersucht«, aber sie behandelt junge Frauen, die für uns die entsprechenden Symptome aufweisen. Ihnen hilft sie nicht allein mit Wurzeln und Zweigen, sondern nimmt sie mit in ihre geheime Welt.

Die Blätter des Ntominda-Baums geben Ahissia ein Mittel gegen Übelkeit bei Schwangeren. Von der Ablabé-Wurzel soll Toussaint etwas abschlagen, doch so, daß ihr Flechtwerk erhalten bleibt; Ahissia kocht daraus ein Medikament gegen Gürtelrose. Das Holz des Eleoua-Baums, das in roten Flecken unter der grauen abgeschabten Rinde hervorbricht, hilft bei Blutarmut. Ahissia wirft Kaolinstaub auf Baum und Strauch. Das ist ihre Art zu danken und sich gleichzeitig dafür zu ent-

schuldigen, daß sie aus der großen Waldapotheke fortnimmt, was sie nicht eingerichtet hat.
Die Rinde vom Baum Elui löst Wassereinlagerungen, die Blumen-Wicke Etagna, zu Brei gerieben und mit dem Saft der Kola-Frucht vermengt, läßt schmächtige Babys gedeihen; die Paste aus Tchedagodjouma lindert Prostatabeschwerden, der Saft des Mittelblattes eines Schilfrohrs schärft nachlassende Augenkraft (doch muß sich das Blatt mit einem Ruck lösen lassen; bricht es ab, ist es noch nicht richtig reif). Die schönen ovalen Blätter der Ababa helfen einem Menschen, der nach einem Schock die Sprache verloren hat. Und mit den bitteren Zweigen des Broukoudoua-Strauchs bekommt die Feticheuse Malaria in den Griff. Sie wäscht den Kranken mit dem Pflanzensud, der schweißtreibend wirkt und damit das Fieber senkt. In Tengouelan stirbt niemand an Malaria.
In der Tiefe des Waldes haben die Trampelpfade ganz aufgehört. Toussaint schlägt einen Weg frei zu einer kleinen Lichtung, in der der mächtige Ravia-Baum steht. Sein Stamm ist stark abgeschabt, der Boden weiß von Kaolin. Ahissia zieht die Sandalen aus und nähert sich langsam dem Baum. Sie beginnt zu zittern und schwankt, stöhnt und greift mit geöffneten Händen vor sich, als suche sie Halt in der Luft. Toussaint faßt sie von hinten, hält ihre Hände hoch. Dann dreht sie sich um und schaut uns leer an. Toussaint schüttelt den Kopf, es war nicht weiter schlimm. »Elle est entrée en trance«, sie ist eben in Trance gefallen, an diesem Ort fast unvermeidlich. Die Feticheusen bereiten aus der Rinde des Ravia-Baums einen Sud für die Initiations-Waschungen der Mädchen. »Bevor du mit den Geistern leben kannst, bist du wahnsinnig«, sagt Toussaint und steckt die Rinde in den Jutesack. »Eine Fetisch-Schülerin muß erst lernen, mit den Kräften umzugehen, die sie genausogut zerstören könnten.« Die Ma-

chete auf dem Kopf balancierend, führt uns Ahissia zurück. Zu Hause wird sie zur Sprechstunde erwartet.

*

Das Dorf Tengouelan hat gut 8000 Einwohner und drei Volksschulen. Die größte liegt direkt gegenüber dem einstigen Anwesen der Feticheuse Akoua Mandodja. Vom flachen Betonbau der Schule kommt ein Sprechchor: »le tracteur, le tracteur, le tracteur.« Die erste Klasse der 5- und 6jährigen ist dabei, die Sprache der einstigen Kolonialmacht zu lernen. Seit 1960 ist die Côte d'Ivoire, die Elfenbeinküste, unabhängig. Schulen sind Relikte der Weißen, Traktoren auch. Bevor die Jungen in den kurzbeinigen Kaki-Anzügen und die Mädchen in den blaugewürfelten Flügelkleidchen die ersten Wörter auf die abgenutzten Schiefertafeln kratzen, müssen sie sie begreifen. Um schreiben zu lernen, lernen sie Französisch. Ihre Muttersprache Agni wird nur mündlich weitergegeben.
Immer wenn ich versuchte, Namen in Agni aufzuschreiben, rätselten schwarze Gesichter über meinem Notizheft. Wir probierten Wörter aus. Die ivorischen Lehrer werden landesweit verschickt, ohne Rücksicht auf ihre Stammeszugehörigkeit. Die ersten Schulstunden, die sie erteilen, gestalten sich als Exerzitien in Pantomime. Der Lehrer aus Man spricht kein Agni. Und die Kinder, die zu dritt, zu viert in den Zweierbänken aus Holz hängen, 50 oder auch 60 Kinder in einem lichtlosen Raum, sprechen kein Französisch. Sie sehen auf Bilder und Buchstaben in blaßgedruckten Fibeln. Sie lernen »le tracteur« nachsagen und verstehen: das ist die Maschine der Weißen, das ist die Sprache der Weißen. Kinder, die diesen Sprung nicht schaffen, bleiben der Schule fern. Andere wechseln zurück zur schwarzen Kultur und ziehen in den Hof einer Feticheuse.

Ahissia empfängt. Die Frau ist aus dem 90 km entfernten Abengourou gekommen; das ist eine Tagesreise mit dem Buschtaxi. Sie ist Mitte 30 und die Frau eines Lehrers. Für Ahissia hat sie ihre schönsten grün-goldenen Tücher umgelegt. Sie möchte ein Dankopfer bringen. Das Ergebnis von Ahissias Bemühungen trägt sie bedeutsam vor sich her auf dem Arm. Das Baby lacht breit. In Ahissias Hof sind Patienten und Publikum versammelt. Ein unglückliches Mädchen hockt am Boden, die vielen kleinen Zöpfe hochgebunden wie die Stacheln eines Igels, und kotzt. Neben ihr schält ein anderes im verwaschenen Blümchenhemd ein Maniokstück mit einer Machete, die gut halb so groß ist wie es selbst. Drei alte Damen in indigofarbenen Gewändern haben sich auf Schemeln niedergelassen. Schafe stehen da und gehen weiter. Ein fiebernder Junge lehnt an der Regentonne und zieht eine Decke über sich, als sei er nicht da. Toussaint bereitet das Dankopfer vor: der Tontopf, der Reisigbesen, die Fruchtbarkeitskette, das Ei, der Palmwein. Die Mutter hat begonnen, das Baby auf den Knien zu wickeln. Es trägt eine doppelreihige weiße Perlenkette um die Hüfte, die Glück bringt, zum andern aber ermöglicht, ein Windeltüchlein anzuknüpfen. Ahissia gießt Palmwein über den Reisigbesen. Toussaint schneidet einem Huhn die Gurgel durch, entnimmt dem gerade noch lebenden Tier sein pulsierendes Herz und legt es in das Nest von Zweig und Beerenkette auf dem Tongefäß, wo es noch eine Weile weiterschlägt. Das Baby hat aufgestoßen und patscht gierig nach der Mutter, die ihm nachgiebig lächelnd ihr Brusttuch nochmals löst. Feticheusen gelten als letzte Rettung gerade für europäisch aufgeklärte Frauen, denen Gynäkologen in den Krankenhäusern schon versichert haben, daß sie keine Kinder bekommen können.

*

Was einer zum Leben braucht, ist schwer zu entscheiden für den anderen, der dieses Leben nicht teilt. In Tengouelan existiert eine Krankenstation, die von einem diplomierten Pfleger, einer Hebamme und einer Putzfrau unterhalten wird. Es gibt auch ein Auto, das im Notfall der nächstbeste Junge chauffiert. Wer die bröseligen überzuglosen Schaumstoffmatratzen auf den Holzpritschen sieht, auf denen Frauen Kinder bekommen, würde sofort darauf bestehen, daß hier ein Minimum unterschritten wird. Wer dann mit der Hebamme Ida You spricht, erfährt, daß viele Frauen auf dem Feld gebären. Sie heben das Neugeborene samt Plazenta und pulsierender Nabelschnur hoch, wickeln alles zusammen in ihr Tuch und tragen es ins Dorf. »Sollen sie das Kind denn mit der Machete abnabeln oder mit einer Glasscherbe?« Die Hebamme Ida You übernimmt das dann, und sie reinigt das schmutzige Bündel von Erde und Blut. »Mit Eau de Cologne«, lächelt Ida You, und ein Hauch europäischer Zivilisation steht im Raum.

In den acht Jahren, die sie in Tengouelan arbeitet, sei bei der Geburt weder ein Kind noch eine Mutter gestorben. Überhaupt sei im Dorf die Kindersterblichkeit sehr gering. »Aber ich bekomme nicht alles mit. Wenn die Frauen alleine zu Hause gebären, weiß ich nicht, was geschieht.« Das aber sei selten; die Frauen glaubten irgendwie an die Medizinstation. Und wenn sie doch ein wenig Angst hätten, würden sie eine Feticheuse bitten. Die käme dann mit, für ein Ei, ein Huhn und eine Flasche Gin.

Ida You kann einen eifersüchtigen Respekt vor den Feticheusen nicht verbergen. Sie selbst sei hier eine Art Ausländerin, der Staat habe sie hergeschickt, sie komme ganz aus dem Westen der Elfenbeinküste und kenne die Tücken der lokalen Krankheiten nicht. Sie könne Rezepte ausstellen, die die Frauen nicht einlösten, weil sie kein Geld haben. Eine Krankenversicherung existiert nicht. Da hätten die Feticheusen klaren Heimvorteil. Ihnen seien die Krankheiten vertraut. Und der Wald. »Aber uns«, sagt Ida You, »verraten sie nichts.«

*

Die 40jährige Feticheuse Allou Békoin Djatima hat drei Schülerinnen: Gablan Ngessa Suzanne, 21 Jahre, Kajo Ya Beatrice, 16 Jahre, und Kakou Kanga Yvonne, 11 Jahre. In ihrem Klein-Gehöft von drei Lehmhäusern und weiteren Bauten für Küche, Vorratsraum und Toilette leben außerdem fünf ihrer sechs Kinder und seit einem halben Jahr noch Sophia Colomb, das Baby von Tochter Mondésir. Nachts verteilt sich die Lebensgemeinschaft auf drei Betten: die Herrin Djatima mit ihren 11jährigen Zwillingen; dann Mondésir mit Baby und zwei weiteren kleinen Brüdern, schließlich die Fetisch-Schülerinnen auf dem letzten Gemeinschaftslager.

Wer im Kosmos dieses Frauenhaushalts nach den Männern fragt, erhält ein Lächeln. Es ist dasselbe Lächeln, mit dem Ahissia und Alloua geantwortet haben, und das zum Lachen wird, wenn Kinder Verwandtschaftsverhältnisse erklären, die uns kompliziert erscheinen. Kinder in Tengouelan sind sehr selten Geschwister »même père«, »même mère«, meist sind sie es alternativ, von der »gleichen Mutter« oder dem »gleichen Vater« aus gedacht. Die Polygamie vergrößert die Verwandtschaft mächtig. Offiziell sind es die Männer, die zwei oder drei Frauen haben; die Praxis gibt schweigend den Frauen die nämlichen Rechte. Und da Frauen und Männer in getrennten Häusern wohnen – und nicht immer im selben Hof, und nicht immer im selben Dorf – wird die Liebe zum Gastgeschenk.

Mondésir, die Tochter der Feticheuse Djatima, war im 4. Jahr auf dem Gymnasium in Agnibilékrou, als sie von einem Studenten empfing, was nun auch noch ihr Bett teilt. Seit der Geburt ihrer Tochter führt sie ihrer Mutter den Feticheusen-Haushalt. Die Liebe hat sie zurück an den Holzmörser gebracht. Aber Mondésir ist schön, und das Leben mit dem Kind ist neu. Die Fetisch-Schülerinnen sind ihre Freundinnen, und sie hüten auch schon mal die Kleine, wenn Mondésir unterwegs ist. Dann schaut Ngessa Suzanne ihr nach.

Ngessa Suzanne hat genug. Vier Jahre Ausbildung liegen hinter ihr, so lange lebt sie schon an den Hof ihrer Herrin gebunden in einer milden Form der Klausur. Sie darf auf den Markt gehen, aber nicht mit dem täglich verkehrenden Buschtaxi ihre Familie drei Nachbardörfer weiter besuchen. Es ist ihr verboten, sich mit einem Mann zu treffen. 17 war sie gewesen, als sie in Trance fiel und danach für das normale Leben nicht mehr taugte. Ihre zwei Kinder ließ sie bei der Familie in Duffrébo zurück. Djatima tanzte vor der kranken, aus den Trance-Zuständen kaum zurückkehrenden Ngessa. Sie wusch sie und unterwies sie in den rituellen Waschungen.

Die Haut einer Fetisch-Schülerin kommt nicht mit reinem Wasser in Berührung, sie wäscht sich allein mit dem Initiationssud aus den Ravia-Rindenfasern. Vorgeschrieben sind fünf Waschungen während des Kreislaufs von Tag und Nacht: vor Tagesanbruch um 4 Uhr; wenn die Sonne am höchsten steht, um 12 Uhr; bei Dämmerung um 18 Uhr; vor der Tiefe der Nacht um 21 Uhr; und um Mitternacht. Die nächtlichen Waschungen im Wald sind eine Mutprobe. Ohne Lampe, einzeln, eine nach der anderen, gehen die Schülerinnen los. Sie zwingen sich jede Nacht zu Weg und Waschung. Dabei lernen sie sehen und hören, sie werden vertraut mit den Sensationen der Dunkelheit. Eine Fetisch-Schülerin soll einen subtilen Panzer bekommen. Es sind die Narben, die mit der Zeit unverwundbar machen. Immer wieder gravierte sich Djatima in die Haut von Ngessa Suzanne ein. Sie ritzte feingestrichelte lineare Ornamente, die als kaum sichtbare Zeichnungen auf ihrem Körper zurückblieben.

Wenn Ngessa Suzanne ihren Kopf schief legt, wippen lange Haartroddeln. Seit vier Jahren lebt sie nicht nur ohne Parfüm und Spiegel (und muß beim Wasserschöpfen die Oberfläche des Teichs bewegen), sie lebt auch ohne Kamm und darf sich die Haare nicht schneiden. »Aber bald bin ich fertig. Djatima rasiert meinen Kopf, wir gehen in den heiligen Wald und tanzen. In Duffrébo wartet mein Mann, und wir können wieder all das machen.«

Die beiden jüngeren, Ya Beatrice und Kanga Yvonne, werden noch zwei Jahre bleiben. Yvonne kam mit 9 zu Djatima, Beatrice mit 14. Beide gehören zu jenen seltsamen Kindern, die manchmal ein wenig anders schauen, die sich im Wald verlaufen und verändert zurückkommen. Es sind Kinder, die während des Schulunterrichts in Absencen fallen und dann in längere Trancen. Die gespenstisch zittern in ihren Flügelkleidchen und wirre Dinge sagen, bis die Klasse lacht. Oder schreit.

Djatima, die Herrin, sitzt auf dem niedrig geschnitzten Schemel, der den Königsstühlen ihres Volkes nachgeahmt ist. Einst war sie die jüngste Schülerin der großen Akoua Mandodja. Mit 12 schon trug sie den roten muschelbestickten Fez der Feticheusen. Sie ist in ein weißes Tuch gehüllt. Auf ihrem Schoß liegt ruhig ihr Enkelkind, Mondésirs Baby. Von ihren Händen über die Arme, die nackten Schultern hinauf bis zu den Wangenknochen und zur Stirn zieht sich eine geometrische Kaolinzeichnung, schmale weiße Linien auf dunklem Grund. Ihre Augen sind schwarz.

*

Sonntagmorgen in Tengouelan. In der Nacht hat es geregnet, und die roten sandigen Wege haben sich endgültig in zerklüftete Flußtäler verwandelt. Da sich die Ältesten des Dorfes nicht entschließen können, die Wege zu kanalisieren, brechen immer wieder Häuser ab, und die Bewohner müssen weiter oben neue bauen. Vielleicht ist das ihre gemäßigte Art zu nomadisieren. Heute haben die Tengouelaner ihr einziges Kragenhemd mit dem heißen Eisen aufgebügelt, und die Frauen bedecken ihre Brüste ganz. Manche tragen taillierte Kleider. Das Dorf ist auf dem Kirchgang. Vom Betonbau mit dem Holzturm klopfen schon energisch die katholischen Tam-Tam. Toussaint, auf diesen sonntäglichen Pfaden ohne seine Feticheusen-Schwester Ahissia, sputet sich. Die Gemeinde hat ein französisches Kirchenlied angestimmt. Aus Toussaints Hemdentasche wippt die Präsenzkarte der katholischen Mission von Agnibilékrou, die der Katechet nach dem Gottesdienst am Kirchenausgang gegenzeichnen wird. Heute wird keine Messe gehalten; der italienische Priester erscheint nur ein Mal im Monat. Toussaint hat sein Tempo zum Laufschritt gesteigert; unter seinem Hemd schlägt das Amulett gegen die Brust. Von der Kirche kommt nun der Rhythmus des Vaterunser in Agni.
Später aber, zwei Stunden vor der Dämmerung, beginnen die weißen getanzten Wirbel. Die Tam-Tam rufen nach den Unsichtbaren, die Feticheusen drehen sich im Kreis. Kleine Mädchen werfen aus vollen Händen Kaolinstaub gegen die Fransenröcke, die das Puder aufnehmen und verteilen wie Pinsel. Der weiße Staub mischt sich mit dem roten Sand, den die stampfenden Füße aufwirbeln. Kreuz- und waagerecht gebundene Muschel- und Perlenketten segmentieren die nackten Oberkörper der Frauen, deren Haut in der Hitze glänzt.

Die Seelen der Verstorbenen haben keinen festen Ort. Die Geister der afrikanischen Völker wandern umher als Jäger und Krieger, Seher und Sammler, als König und Königin. Sie sind unterwegs in Wassern und Wäldern. Wenn unter den Rufen der Tam-Tam die Feticheusen zu Kreiseln werden, laden sie die Unsichtbaren ein. »Dann sind wir die Pferde«, hatte Alloua gesagt, »und die Geister sind unsere Reiter.«
Sie tanzen den alten Assamah, den jedes Kind kennt, den Wassabré aus Ghana, mit der unregelmäßigen Schrittfolge, vor und zurück, den Eouarah, den stolpernden Golo, den springenden Do, den uralten Allatoh. Sie tanzen einen Vogeltanz mit trippelnden und pickenden Bewegungen. Sie werden wieder zu Kreiseln und singen.
Sie werfen sich Kaolin zwischen die nassen Schenkel und beginnen ein szenisches Tanztheater, eine afrikanische commedia dell'arte. Die irre Blinde tritt auf, die gierige Bettlerin, die exaltierte Marktfrau, die mühevolle Schwangere. Sie tanzen derb, obszön, witzig. Ihre Augen sind schon lange blicklos aufgerissen. Sie bewegen die gefalteten Hände – die Fingerspitzen gegen das Brustbein gerichtet – in verzögerten Schlangenbewegungen zwischen den schwingenden Brüsten. Sie werfen Tierschweife den jungen Männern zu, die sich ein Tuch umbinden müssen und linkisch versuchen, den Feticheusen im Tanzkreis zu folgen. Bis diese – und keiner weiß, auf welches Zeichen hin – in ihrer Spannung nachlassen, fast scheu lächeln und dem Publikum abwinken. Sie stellen sich auf zum Schlußbild: die metallenen Lanzen vor sich im Kreis.
Am nächsten Abend herrscht Katerstimmung in Djatimas Hof. Ya Beatrice nimmt die weißen Fransenröcke von der Leine. Ein zimtenes Abendlicht malt die Wände des Hofes dunkler. Kanga Yvonne stampft Kochbananen. Mondésir stillt. Die Halbsichel des Mondes

hängt am Himmel wie ein Kürbisschnitz auf einem Wellblechdach. Ngessa Suzanne hat Muskelkater. »Du«, sagt sie unvermittelt, »warum bist du weiß, und ich bin schwarz?« – »Keine Ahnung«, sage ich. – »Das ist so, weil Gott uns so geschaffen hat.« – »Bitte wer?« – »Gott, der alles geschaffen hat, hat dich weiß gemacht und mich schwarz.« – »So, und was ist dann mit euren Reitern, mit den Unsichtbaren, den Geistern der afrikanischen Völker?« – Suzanne legt in theatralischer Geste die Hand auf ihr schmerzendes Kreuz. »Gott, der alles geschaffen hat, das siehst du doch, hat in Afrika die afrikanischen Geister geschaffen. – Aber sag' mal, hast du vielleicht ein Aspirin?«

Arkadischer Alltag

Giorgia streift gekonnt die langen Chiffonhandschuhe bis hinauf an die Ellenbogen ihrer mageren Arme und ist sich sicher, daß der Bann fader Mädchenjahre abfällt. Mit Stefanos wird alles anders werden. Das weiße Spitzenkleid der 16jährigen Braut bauscht in gestuften Volants hinunter auf den Holzboden. Solche Pracht kommt nicht aus dem peloponnesischen Heimatdorf Dimitsana in den arkadischen Bergen, nicht aus den Schneiderstuben der umliegenden Provinzstädte Tripolis oder Megalopolis. So ein Kleid kommt aus Athen. Giorgia bewegt es im elterlichen Wohnzimmer, wo sie die alte Tanzfigur im Kreis wartender schwarzer Frauen beschreibt, Schulter an Schulter mit Vater, Mutter, beiden Schwestern, dem kleinen Bruder, ganz eng, denn es gibt nicht viel Platz. Sie rafft den Saum und trägt es die nächtliche Gasse hinüber zur Kirche, während die dunkle Traube der Dörfler ihr nachfolgt, Stegreiflieder singend auf die Schönheit der Braut und die Fülle des Lebens. Sie trägt es im Honigkerzenlicht der Kirche unter dem Singsang des Popen, während sie Stefanos anlacht und im geworfenen Regen von Reis und Blüten den Altar umrundet. Sie trägt es unter den Blitzlichtern der photographierenden Verwandten.
Oder wird sie von dem Kleid getragen? Weiße Spitzen stützen ein weißes Mädchengesicht, das hinter hart gedrehten Locken stillhält. Dann zieht sich Giorgia um. Mit den 400 Hochzeitsgästen ißt sie in Rock und Bluse und tanzt auf dem Dorfplatz zu den lauten traditio-

nellen Liedern, die krachend aus dem Kassettenrecorder kommen. Dem Brautkleid darf nichts geschehen. Giorgias Familie hat es für 150 000 Drachmen gemietet, eine Summe, für die eine Dorflehrerin anderthalb Monate arbeiten muß.
Von einer Hochzeit aber werden Ikonen bleiben. In den verdunkelten, ungeheizten Wohnzimmern arkadischer Dörfer stehen auf spitzenüberworfenen Tischen Serien von Hochzeitsbildern. Hier sind die Altäre aufgebaut, an denen der Zukunft geopfert wird.
Stefanos, der Hirte, hat Giorgia heimgeführt in eine Lebens- und Arbeitsgemeinschaft von Vater, Mutter, sechs Kindern, 300 Ziegen, 80 Schafen, 5 Hütehunden und Federvieh. Für Stefanos ist die Zukunft eine Frage des Wetters, und in Dimitsana genügt zur Vorausschau ein Blick. Wenn Stefanos von dem gut tausend Meter hohen Bergsattel seines Dorfes am Ende eines Hochtals des Lusiosflusses hinuntersieht, dem Talverlauf folgend bis zur Ebene von Megalopolis, dann weiß er schon, was ihn und die Tiere erwartet. Dort unten steht seine Wetterstation. Die staatliche Stromgesellschaft Griechenlands produziert in Megalopolis mit zwei Braunkohlekraftwerken Strom. Und die Schlote steigen weiß qualmend wie Opferkerzen im Morgennebel hoch aus dem Tal hinaus. Zieht der Rauch nach links, wird das Wetter gut; zieht er nach rechts, kommt Regen. Drängt ihn der Wind aber nach hinten ab, Richtung Kalamata, wird es ernst. Dann kommt der Schnee.
Stefanos hat schon seinen Schwestern beigebracht, wie sie mit den Ziegen gehen sollen; Giorgia wird es auch lernen. Denn sie werden die Tiere behalten. Die nächsten Jahre vielleicht, murmeln die Skeptiker, und skeptisch sind fast alle der letzten 500 Einwohner des Dorfes. Nur noch fünf oder sechs Familien in Dimitsana leben von der staatlich hochsubventionierten Tierhaltung.

Die meisten Menschen, die in Dimitsana wohnen, beschäftigen sich mit der Perspektive, hier zu sterben. Sie haushalten vorsichtig mit einer landwirtschaftlichen Altersrente. Sie lassen eine Reihe bernsteinfarbener Perlen durch ihre vom Nüsseschälen gegerbten Finger laufen und warten auf das Echo der Tierglocken, das von den Bergen kommt. Es ist ruhig in Dimitsana. Letztes Jahr wurden zwei Kinder geboren. Landesweit verschickte Junglehrer schlagen das Kreuz, wenn Dimitsana sie trifft.

*

Die dünne Lehrerin verschränkt die Arme und wartet. Das Kind Nektaria ist an die Landkarte gekommen und hat begonnen, ihr die griechischen Meere aufzusagen. An den Fenstern des Klassenzimmers zieht Morgennebel vorbei. Aus seinem fließenden Weiß tauchen Schatten von Walnußbäumen auf. Die einzelne Kinderstimme hält sich hell über einem diffusen Klangteppich von anderen Kindern, die sich wie bunte Käfer in den alten Holzbänken bewegen. Diese energische Masse von Dritt- und Viertkläßlern ist nicht kontrollierbar. Es sind Bergkinder, die Busse und staatlich bezahlte Taxis aus zwanzig umliegenden Gemeinden einsammeln und allmorgendlich in die Schule nach Dimitsana bringen. Solche Kinder haben mit den Ziegen laufen gelernt; sitzen lernen sie nicht. Mit 11 Jahren hüten sie Schafe, mit 13 die Ziegen. Schulpflicht ist ein Imperativ aus Athen, aber wo liegt Athen? Wenn die Mädchen hübsch sind, heiraten sie früh fort, und die Jungen werden nach dem Militärdienst meist nicht mehr gesehen im arkadischen Dorf.
Die Lehrerin legt die Hand auf das kalte Metall des Heizkörpers und bemerkt, daß das Kind an der Karte nicht mehr spricht. »Und jetzt die Buchten der Pelo-

ponnes!« ruft sie schnell. Als Beamtin kann man sie zwingen, in Dimitsana zu arbeiten. Wohnen wird sie hier nicht. Von Tripolis pendelt sie täglich 40 Kilometer hin und zurück. Wie die andern Lehrer auch. »Der Golf von Messini, der von Lakonia, der Golf von Argos, der Saronische Golf, der Golf von Korinth, der Golf von Patras, der Golf von Kiparissia.« Das Kind Nektaria tritt zurück. Das Kartenblau des Meeres geht über in das Wandblau eines alten Ölanstrichs, der in grauen Inseln abblättert. Auf dem Boden liegt ein gelber Ball. Nektaria rückt neben Eleni zurück in die Bank und wischt mit dem wollenen Ellenbogen über die schräge Tischfläche mit dem ausgesparten Rund für das Tintenfaß. »Und jetzt die Rechenbücher«, sagt die Lehrerin.

Wie die Lehrer pendeln die Post- und Bankbeamten. Deshalb gibt es im Dorf Dimitsana eine Tiefgarage, aber keinen Bäcker. »Wir essen fremdes Brot«, sagen die Alten. In Dimitsana hat der Lebensraum Provinz eine entschiedene und der kargen Landschaft entsprechend rauhe Variante gefunden. Dabei gab es immer wieder junge Ärzte und Lehrer, die mit Enthusiasmus und Familie in Dimitsana leben wollten. Aber sie bekamen die leerstehenden Häuser nicht. Sie sind an einer komplizierten Heimatliebe gescheitert.

Es war einmal eine wunderschöne kleine Stadt im Herzen Arkadiens, errichtet auf den Resten der antiken Siedlung Teuthis. 967 wurde sie nach einem Schriftstück des Klosters Philosophou »Dimitsana« genannt. Für Kaufleute, die zwischen Venedig und Smyrna reisten, war der zentral gelegene Ort ein Warenumschlagplatz. Wenn die Dimitsaner nicht handelten, rangen sie den steinigen Bergen winzige terrassierte Felder ab, bauten Mais an, Hafer und Wein. Sie pflanzten Feigen, Walnüsse und Mandeln, und graue und braune Esel brachten die Ernte von den abgelegenen Feldern nach

Hause. Manche Dimitsaner hatten Ziegen, manche Schafe. Es gab einige Olivenbäume. Und die Zeit verging. 1453 fiel Konstantinopel. Wenige Jahre später regierten Gefolgsleute des Sultans in Arkadien. Die orthodoxen Christen gingen in den Untergrund. Ihre Priester unterrichteten nachts in den »versteckten Schulen«. Noch heute singen die Kinder ein Lied, dessen Text sie nicht mehr begreifen: »Kleiner Mond, leuchte mir, in die Schule folg' ich Dir, daß ich Buchstaben verstehe und auf Gottes Wegen gehe.«
Und es war der Ort Dimitsana, wo zwei Knaben geboren werden sollten, die etwas fanden, das wertvoller war als Gold und Edelsteine und mächtiger als der Sultan: die Rezeptur für Schwarzpulver. Die Brüder Spiliotopoli errichteten Pulvermühlen und produzierten den Stoff, mit dem der griechische Freiheitskampf zünden sollte. Am 25. März 1821 hob der Dimitsaner Metropolit Palion Patron Germanou die Fahne zum Aufstand. Und Arkadien wurde befreit. Und graue und braune Esel brachten die Ernte nach Hause. Und die Zeit verging.
In Dimitsana, wie in ganz Arkadien, wie in allen armen ländlichen Regionen Griechenlands, brachen mit dem Zweiten Weltkrieg und dem folgenden Bürgerkrieg die Söhne auf. Sie hatten Kunde aus Amerika und Australien, daß das Leben anderswo leichter sei. Schon in Athen, hörten sie, wäre es besser. Heute leben etwa eben soviele Griechen auf nichtgriechischem Boden wie im Mutterland. Und in Athen gibt es 10 000 Dimitsaner. Sie haben einen Verein gegründet, dem es gelang, das ganze Dorf unter Denkmalschutz stellen zu lassen. Hier historisch zu bauen oder zu restaurieren kann sich eine Lehrerfamilie, die nur profan eine Bleibe sucht, kaum leisten.
Taxiarchis sitzt vor seiner Felswand im Wohnzimmer. Sein graues Nadelstreifenjackett ist makellos wie die

auf Kante gebügelte Hose und das weiße gestärkte Hemd. Seine weißen Haare trägt er pomadisiert und streng zurückgekämmt. Der Pensionär Taxiarchis, gebürtiger Dimitsaner, erscheint wochenends im Dorf so gepflegt, wie er es aus den Kreisen Athener Kleinfabrikanten gewöhnt ist. Außer der arkadischen Felswand ist das weißgekalkte Zimmer noch leer. Solange die Familien arm waren, wurde ein Fels im Zimmer übersehen, später, bei beginnender Saturierung, wurde er verschalt: Niemand brauchte gleich zu merken, daß an der vierten Wand hatte gespart werden müssen.

Heute legt Taxiarchis aus Heimatliebe den Fels wieder frei. Weil er echt ist. Taxiarchis hat sich genau in die Mitte vor seinen Fels gesetzt. Bald wird alles hergerichtet sein für die Wochenenden seines Lebensabends. Die Messingbetten vom Athener Antiquar und die Heizkörper aus Deutschland sind schon bestellt. Jetzt bückt er sich und drückt auf einen noch provisorischen Schalter am Boden. Indirektes Licht fällt nun auf die Felswand hinter ihm. Links schillert das Gestein grün, rechts reflektiert es ein scharfes Rosa.

*

Der Kaufmann Herr Vassilis tritt aus seinem Laden und überblickt die sich zum Platz weitende Hauptstraße seines Dorfes. Er tut das mehrmals täglich, seit 25 Jahren. Herr Vassilis kann schon am Schwung, mit dem der Metzger auf der gegenüberliegenden Straßenseite die frischgeschlachteten Ziegen an die Fleischerhaken hängt, wo sie satt auspendeln, dessen Tageslaune ablesen. Und wenn gleich daneben Giorgos mit dem silbernen Tablett Kaffee austrägt, erst zum Telegraphenamt, dann daneben zur Polizeistation und zurück zur Bürgermeisterstube, dann erkennt Herr Vassilis auf einen Blick das Stadium von Giorgos' momentaner Melancholie, auch ohne ihm in die meist halbgesenkten Augen zu schauen. Von seinem Standort sieht Herr Vassilis drüben hinter der schmalen staubigen Scheibe die Hand des Barbiers, die mit dem Pinsel im Schaumtopf rührt. Und er beschließt, zwei Schritte vorwärts zu tun, um das Profil eines seltenen Kunden auszumachen.

Bevor Herr Vassilis das Dorf Dimitsana mit genau den 5000 Artikeln versorgte, die es in den beiden Lebensmittelgeschäften nicht gibt, und nicht im Elektroladen und nicht im kleinen, meist verrammelten Möbeldepot, ist Herr Vassilis Polizist gewesen. Das schult den Blick. Nie würde er ein Kafenion betreten. Ihm gehört die Straße. Oder er residiert hinter einer sechs Meter langen Theke. Er ist Herr über Schulhefte und Schreibwerkzeug, Kollektionen von Damenstrümpfen und Garnen, eine Auswahl von Hirtenstäben aus wildem Olivenholz und ein Batterienlager, denn er versorgt die Roboter der Dimitsaner Kinder wie die Recorder ihrer Väter. Er verkauft Postkarten aus den 60ern, Filmrollen für Farbphotographien und Souvenirs, die er aus dem nordgriechischen Epiros importiert. In einer Schublade verwahrt er heimisches Schwarzpulver. Für die Hasenjagd.

Manchmal ist Herr Vassilis weichgestimmt. Dann steigt er eine Holztreppe hinauf und sitzt oben in seiner Wohnung am Bett von Venetia Andonakopoulou, der weißhaarigen Mutter seiner schönen kinderlosen Frau. Venetia Andonakopoulou ist 90 Jahre alt und muß liegen, seit ihr vor drei Jahren bei Lokalanästhesie ein Bein amputiert wurde. Herr Vassilis dreht dann an einer Kurbel an der Seite des vergitterten Bettes, so daß Venetia Andonakopoulou aufgerichtet wird. Er legt ihr eine schwarze Strickjacke über die pergamentenen Schultern, und Venetia beginnt, mit ihrem zahnlosen Mund leise die alten Hirtenlieder aufzusingen. Bis beide kichern.

*

Kleine Ziegenkunde für Städter: Wenn sie die Farbe von Zimt haben, heißen sie Kanélla, wenn sie überall grau sind Músika; Kórba sind die schwarzen, und deren Fell glänzt wie heller Mokka, heißen Rúsa; Chóna sind die weißen Ziegen, Kókkina die rotbraunen, Liobritsa die bunten. Aber das sind noch nicht alle Namen. Wenn sie bis zur Brust weiß sind und dann schwarz, heißen sie Sába; bis zur Brust schwarz und dann weiß Bártsa; Búsika-Ziegen sind schwarz und braun, Psára sind taubenblau und schwarz, Séba-Ziegen haben winzige Ohren und sind bunt, Chúmuri sind schwarz und ein bißchen weiß am Hals, Iosa sind schwarz und haben Streifen um die Nase. Drina sind rot und schwarz. Und das sind immer noch nicht alle Namen, noch lange nicht. Angela, 18 Jahre, und Konstantina, 16 Jahre, hüten, seit sie 12 sind, die Ziegen ihres Vaters. Sie kennen die Namen aller Sorten, und sie kennen jede Ziege einzeln, denn jede hat ein eigenes Gesicht.
Konstantina wirft sich flach auf den Rücken und schaut in die alte Baumkrone. Ihre schwarzen Locken laufen über den Fels wie Flechten. Ein Hütehund hat sich neben sie gelegt. »Kommst du zu meiner Hochzeit?« ruft sie und zieht die breiten, dunklen Augenbrauen zusammen.
Drüben auf den Bergen von Vytina liegt schon Schnee. Der Himmel ist tiefblau. Beim Fressen bewegen die Ziegen ihre Lippen, und die Glocken an den hölzernen Halsringen läuten. Die Tiere tauchen ein in die Struktur der Berge. Im wechselnden Licht werden sie dunkler Fels oder blasses Gras oder verschwinden, auf den Hinterbeinen balancierend, im grünen Blätterschatten eines Strauchs.
Im Unterschied zu den Hütehunden, die zögernd die Vorderpfoten auf den Fels setzen, und dann doch lieber

einen Umweg machen, springen Ziegen sofort. Hirtinnen auch. Ziegen treten Steine los. Hirtinnen sind deshalb auf der Höhe der Ziegen, besser darüber. Ziegen steigen, Ziegen wandern, Ziegen fressen alles. Sie zerbeißen das harte Gras auf den verlassenen terrassierten Feldern, den wilden Salbei, die Blätter der Koromila-Bäume und die Rinde der Gonza-Bäume, vor allem aber das, was die arkadischen Berge kilometerweit überzieht, das stachelige Blattwerk der niedrigen verwinkelten Steineichen.

Ziegen hören gut. Sie reagieren auf verschiedene Nuancen jodelnder Jauchzer und wilder Pfiffe. Konstantina steckt zwei Finger zwischen zwei Reihen starker Zähne und produziert einen Ton, der 300 Tiere dazu bewegt, ihren tanzenden Schritt zu beschleunigen. Angela und Konstantina haben in der Frühe beim letzten Mondlicht die Tiere aus dem Stall geholt. In der Dämmerung werden sie sie wieder unten haben.

Über Dimitsana färbt sich der Himmel rot. Im neonerleuchteten Metzgerladen sitzt die Metzgertochter neben der Fleischwaage und macht Schulaufgaben. Im Fenster ist ihre lila Samtschleife über dem geneigten Scheitel zu sehen. Vor der Tür stehen in einem offenen Lastwagen Ziegen dicht an dicht. Ihre Pupillen haben sich zu schwarzen Rechtecken in Bernstein verengt. Über die Straße gehen alte Leute mit frischbronzierten Ofenrohrstücken. Das Heizen läßt sich nicht länger hinausschieben, jetzt müssen die Öfen wieder installiert werden. Giorgos, der Kafenionbesitzer, bringt Holz die Kellertreppe hoch. Sein Ofen steht schon in der Mitte des Saales, ein bollerndes Winterherz. Fast alle Marmortische sind von Männern besetzt. Frauen erscheinen im Kafenion im ununterbrochen laufenden Fernseher, der oben auf einem Wandbord steht. Sie sind blond und sprechen amerikanisch. Giorgos' Frau trägt ihre hochgesteckten Zöpfe unter einem schwarzen

Kopftuch und spricht nicht. Hinter der Theke schneidet sie Gurken und Käse, die Giorgos auf kleinen weißen Tellern zum Ouzo reichen wird. Jetzt zielt er mit dem Schürhaken nach dem Fernseher und trifft auf einen Programmknopf. Statt Werbung von RAI 1 rauscht Werbung von ET. Männer kommen herein und klopfen sich die Kälte aus den Jacken. Sie stellen ihre Plastiktüten mit dem Eingekauften für das Abendessen auf den Boden. Sie werden gleich nach Hause gehen, das heißt, sie werden die nächsten zwei Stunden bleiben. Es riecht nach Holzkohle und dem Rauch von Papastratos-Zigaretten und nach Anis. Der alte Raum taucht ein in einen großen blinden Wandspiegel. Im Fernsehen wird Dubrovnik zerschossen.
Apostoli wischt sich einen Tabakskrümel von den Lippen und kramt nach etwas Münzgeld in der Tasche seines Filzjacketts. Sein Esel, bepackt mit Körben und Kanistern, steht vor der Tür. Apostoli ist auf dem Feld gewesen, in Karkalou. Wenn der Esel die durchstartenden Motoren der Jungen hört, tritt er höflich zur Seite. Den restlichen Heimweg vom Kafenion hinauf in den Ortsteil Kastro macht Apostoli zu Fuß, den Esel nur führend. Der Weg ist steinig, haltlos und hört auf, wo die Hühner in den aufgegebenen Häusern scharren. Sein Haus ist das letzte am Fels, nach seinem Stall kommt der Abgrund hinunter zum Lusios. Gleich wird ein kleiner schwarzer Hund ihm entgegenspringen und ihn begleiten bis an die Töpfe voller Kräuter, Geranien und Löwenmäulchen. Vor der Haustür sind geschälte Walnüsse auf Tüchern zum Trocknen ausgelegt. In der Küche wird es warm sein. Seine Frau Diana wird den Spinnrocken mit der Schafrohwolle aus dem Schürzenband herausziehen und das Stöckchen mit dem schon gesponnenen und gewickelten Faden beiseite legen. Gemeinsam werden sie den Esel abladen. Sie werden zu Abend essen und den Fernseher laufen lassen. Nur

manchmal wird der Gedanke sie wecken, was wohl die Kinder und Enkel in Athen jetzt machen.
Arkadien ist kein Thema. Nicht in Athen und nicht in Brüssel. So werden es die Dimitsaner aus Athen sein, die sich um die Zukunft ihres Dorfes kümmern. Sie planen ein anspruchsvolles Fest, die arkadische Hoch-Zeit des Tourismus. Dimitsana liegt nicht am Meer; sie werden ihm ein Schwimmbad schenken. Dimitsana ist ein Bergdorf; nun gut, als Athener kennen sie den steigenden Kurs für reine Luft. Über den Highway Athen–Arkadien sind sie in knapp zwei Stunden bei den letzten Hirtenkindern, die in Gewölbekeller-Tavernen gekochte Ziege auf Kräutern servieren. In Dimitsana wird es ein Fitness-Center geben und rohbelassene Räumlichkeiten für internationale Kongresse. Man wird Wasser trinken aus eingefaßten Quellen und auf Terrassen das Atmen üben. Es wird Kurse geben über kontemplatives Ziegenhüten. Menschen werden seidenmalen und kochen, batiken und beten. Und vielleicht gibt es doch Zuschüsse aus Brüssel, damit sich Europäer aller Länder hier im arkadischen Kurgarten versammeln.
Gegen das gestaffelte Anthrazit der Berge zieht der Rauch von Megalopolis nach hinten weg. Stefanos ist der erste, der morgen mit seiner jungen Frau die Ziegen ins Winterquartier bringt. Es wird jetzt klar werden und kalt.

Mani. Die Rache der Steine

»Geht fort«, krächzt sie mit einer brechenden Kinderstimme, die, gegen das fortschreitende Alter wetteifernd, noch einmal letzte Höhen erreicht, »verschwindet!« Dabei zieht sie in einer Geste finsterer Entschlossenheit ihre dünnen Beinchen an, so daß sie knapp auf der untersten Sprosse des schmalen Holzstuhls zu stehen kommen. Mit einer Gabel sticht sie in die Plastikschüssel auf ihrem Schoß und zieht einen klebrigen Fang von Reis-Spinat-Gemisch hervor. Den stopft sie an der Pforte ihres Zahnes vorbei in den Mund. Sie kaut, sie sinniert. Heute war Waschtag bei Kyria Rosalia; im lehmigen Hof steht noch milchblau die Seifenlauge in Pfützen. »Die Türme! Die Türme!« Das schwarze Bündel zorniger Energie unter dem Kopftuch holt erneut mit der Gabel aus: »Laßt endlich die Türme in Ruhe!« Sie stochert auf ihrem Schoß. »Und laßt mich in Ruhe. Ihr seht doch, daß ich krank bin.« Eines der wadenlosen schwarzen Beinchen schiebt sich langsam unter den Säumen von dunkelfarbenen Röcken und Schürzen hervor, es scheint zu lahmen. »Die Türme hatten ihre Zeit. Sie ist vorbei. Laßt sie zerfallen. Geht!«

Ritualen der Wut ist mit Respekt zu begegnen. Kyria Rosalia, 70 Jahre, wohnhaft in Pyrgos Dirou, Schlüsselherrin des Turms der Familie Sklavonakis, dem Bruderclan der mächtigen Großfamilie Mavromichalis, Kyria Rosalia hat heute nicht ihren besten Tag. »Blutrache?« schreit sie noch und zeigt mit einem knöchernen Finger auf eine Garbe alter Flinten neben dem Eingang. »Das gibt es nicht mehr. Wir schießen Wachteln. Versteht ihr! Wachteln. Haut ab.«

In den Türmen der Mani ist die aristokratische Idee der Unbeugsamkeit Stein geworden. Noch heute ist die Innere Mani, die einsame Landzunge südlich der Provinzstadt Areopolis, eine Landschaft aus Steinen, geprägt von einer Architektur der Steine. Die Türme der alten maniotischen Geschlechter, der Grigorakis, Jatrani, Kavallierakis, der Mantouvalos, Mavromichalis, Michalakiani, Meditsi, der Sassaris, Stefanopouli und ihrer verbrüderten Sippen stehen auf den Bergrücken des Taygetos wie Ausrufezeichen des Faustrechts, und ihnen antworten ganze Dörfer aus Türmen an den grauen Hängen mit dem viereckigen Imperativ, daß das Leben ein Kampf sei.

Armut radikalisiert. Von ihren Türmen herab sahen die alten Manioten über karge Berge hinunter in Täler voller Geröll und beobachteten, wie draußen auf dem blauen Wasser reich beladene Schiffe aus verheißungsvollen Ländern langsam vorbeizogen. Seeräuberei ist kein elegantes Wort. Die Bewohner der Mani legen heute Wert darauf, daß ihre Vorfahren Korsaren waren. Ihnen kam zugute, daß wenige Kilometer entfernt, im arkadischen Dimitsana, das erste griechische Schwarzpulver erfunden wurde, und so war maniotische Macht schnell eine Frage der Gewehre. Aber Gewehre müssen bedient werden. In der Mani wurde das Wort »Gewehr« ein Synonym für »Sohn«. Und sicher wäre in unserem Wort »Stammhalter« ein handfester maniotischer Sinn zu entdecken.

Zufrieden begrüßte der stolze Clan den frisch krähenden männlichen Säugling mit Geschützsalven. Und wissend um die gefährliche Potenz von Neugeborenen wachten die Großmütter der Sippe über die Niederkunft der Frauen ihrer Knechte und griffen souverän ein, falls es zu viele Gewehre werden sollten. Durch die Türme geisterte eine Strenge, in der manche Historiker einen Nachhauch des alten Sparta vernehmen. Eine der vielen Legenden erzählt, daß es einst die aus ihrer arkadischen Kolonie Nikli vertriebenen Spartaner waren, die in der gebirgigen unwegsamen Mani Schutz suchten. Sie nannten sich »Niklier«, unterwarfen die einheimische Bevölkerung und begannen sich um den kargen Boden oder die Freibeuterrechte zu streiten. Schwankende Kräfteverhältnisse stabilisierten sie durch ständige Fehden und überzogen ihr Land mit hohen und höheren Türmen, den pragmatischen Realsymbolen ihres Daseins.

Denn nur die Knechte wohnten tief unter flachen Ziegeldächern. In der Höhe aber zeigte und behauptete sich niklische Macht. Wer nur den gestirnten Himmel über sich und das Gesetz der Blutrache in sich hatte, der schüttete sorglos Pech durch die steinernen Nasen und warf die sauber aufgeschichteten Felsbrocken aus ungeschlagener Höhe hinunter auf jene Häupter, die zu den Seinen nicht gehörten. Und er stopfte die Schießscharten des Turms mit den Läufen der von ihm gezeugten Gewehre.

*

Wenn der Bürgermeister von Vathia, Stavros Androutsakos, ein sportlicher Vierzigjähriger, von der Blutrache erzählen soll, greift er zu Büchern. Seine Frau reicht auf einem Kuchenteller geschälte Apfelstücke, in denen je ein Hölzchen zum Anfassen steckt. Langsam erscheinen aus den hinteren Zimmern kupferfarbene Kindergesichter, die nur aus großen Augen zu bestehen scheinen, und verwandeln das Wohnzimmer in einen Kirchenraum, geschmückt von schauenden Ikonen: Panajota, 15 Jahre, Spyros, 14 Jahre, Ilias, 13 Jahre, Nelly, 12

Jahre, Theodonis, 10 Jahre. Der Bürgermeister stellt fünf der 12 Kinder des Dorfes. Der Pope hat vier und ein Bauunternehmer drei. Zur Schule sind es zwei Autobusstunden. »Wir haben uns nie unterworfen«, sagt der Bürgermeister. »Die Türken sind nie in die Tiefe Mani vorgedrungen; sie waren sogar gezwungen, christliche Manioten als Beys einzusetzen. Wir waren immer frei.« Es waren die Manioten, die mit den Venezianern gegen die Türken gekämpft haben. Und es war die Mani, auf der der griechische Freiheitskampf begann. Wenn Griechenland den 25. März 1821 als Beginn der Revolution feiert, hat es vergessen, daß Petros Mavromichalis, der bedeutendste und letzte Bey, schon am 17. März die Fahne zum Aufstand setzte, in Tsimova, das die Manioten danach Areopolis nannten, zu Ehren des Kriegsgottes Ares. »Die Stelle, wo die Revolutionsfahne stand, kann man noch sehen«, sagt der Bürgermeister. »Das ist das Loch der Freiheit.« Heute hat Vathia 36 Einwohner. Noch vor einer Generation fragten die maniotischen Väter: Was willst du, die Buchstaben oder die Mani? Und dann zogen die Söhne zur Alphabetisierung nach Athen oder hielten aus in der Heimat und pflegten die Olivenbäume in den Hängen aus Stein, wo sie kleine schwarze Früchte ernteten, die wenig mehr waren als Stein: um die unbrauchbare Härte des Kerns ein kostbares Nichts an aromatischem öligem Fleisch. »Psomí, eliá kai Kótzo Vassiliá«, »Brot, Öl und König Konstantin«, deklamiert der Bügermeister. Das ist die maniotische Losung von der Monarchie des Minimums. Die Armut sei die Rache der Steine. Und mit der nehmen es die Manioten auf. Ob Panajota in der Mani bleiben möchte? Sie wirft den Kopf zurück, so daß ihr schwerer Zopf gegen den Rücken schlägt. Und lacht.
Vor beinahe 200 Jahren, als der englische Reisende William Martin Leake 1805 nach Vathia kam, wurde er von bewaffneten Männern aufgehalten und kontrol-

liert. Er erfährt, daß das Dorf seit Jahrzehnten eine Fehde zwischen zwei verfeindeten Clans austrage. Er sieht die dicht an dicht stehenden, bis zu 30 Meter hohen Türme, die oft nur durch Treppen miteinander verbunden zu sein scheinen und staunt, wie es wohl möglich sei, in dieser übervölkerten Enge den permanenten Bürgerkrieg zu betreiben. Er hört schließlich, daß es während der gut 40 Jahre dieser Fehde etwa 100 Tote gab. Sie waren einig bis aufs Blut. Einig, wenn es darum ging, es mit den Türken aufzunehmen; einig auch in den Zeremonien ihrer Kämpfe. Streitigkeiten, die ihren Ursprung oft in kleineren Besitzrechten hatten, wurden, nach langen Beratungen, auf Beschluß der clanältesten Großmutter offiziell zur Fehde erklärt und mit feierlichem Glockengeläute eröffnet. Sie konnte jederzeit, wenn Dringenderes zu tun war, unterbrochen oder eingestellt werden; ein Ältestenrat vermittelte zwischen den Sippen. Zur Saat und Ernte machten die maniotischen Bluträcher Pause. Und zum höchsten Feiertag erinnerten sie sich an das Wort Gottes: am Ostermontag tauschten die Clanältesten den Bruderkuß, um sich am Osterdienstag wieder schußbereit in die Türme zurückzuziehen. Das hatte, bis ins 19. Jahrhundert hinein, etwas von Mittelalter, von Duell und Turnier. Und in 200 Jahren werden Historiker sich vielleicht über die Ehrenkodices auf den Autobahnen der vergangenen Neuzeit Gedanken machen, die so viel bluttrachtiger gewesen sein werden als die alten maniotischen Fehden.

*

»Meine Mutter Eleni war 14, als ihr Vater sie verheiraten wollte.« Kyria Matoula gießt getrocknete Salbeiblätter mit kochendem Wasser auf und sieht durch die matten Scheiben der Taverne von Porto Kagio über

die Bucht hinüber zu den grauen Felsen, aus denen die grauen Türme zurückschauen mit den dunklen Augen ihrer kleinen Fenster. »Welchen Mann wirst Du mir geben, Vater?« habe die Mutter gefragt. Das würde sie in der Kirche sehen. Als Eleni in die Kirche ging, habe sie Angst gehabt, den Mann neben sich anzuschauen. Sie wartete, bis der Segen des Popen vorbei war. Danach drehte sie sich nach rechts, um zu wissen, wen sie gerade geheiratet hatte. Sie war 15, als sie schwanger wurde; sie saß im Olivenbaum, als die Wehen sie überraschten. Sie stieg vom Baum herunter, legte sich neben die Oliven und legte dann auch die Zwillinge neben die Oliven. Mit ihrem Vespermesser durchtrennte sie die Nabelschnüre und machte Knoten hinein. Dann habe sie die Schürze ausgezogen und in zwei Teile gerissen, jedes Kind eingewickelt und sei mit den Kindern im Arm nach Hause gelaufen. Heute sind die Zwillinge tot, Christo und Stavros. Beide waren Polizisten in Athen. Als Elenis Mann starb, wollte der Vater sie wieder verheiraten. Aber sie habe nein gesagt. Und wenn der König käme, sie heirate nicht mehr. Das Glas ihres Lebens sei voll. Damals war sie keine 30. Sie hat sechs Kinder alleine durchgebracht.
Morgens um 4 Uhr ist sie aufgestanden und hat den Teig für das Brot gemacht. Und zur ältesten Tochter gesagt, sie solle den Kleinen Brot und Öl geben. Dann ging Eleni aufs Feld zu den Olivenbäumen und nachmittags in die Baumwollfabrik. Sie hat im Leben nie ein Aspirin genommen und ist 95 Jahre alt geworden. »Die Maniotinnen«, sagt Kyria Matoula, »waren harte Frauen.« Und sie gießt den Salbeitee durch ein kleines Sieb in fragile Tassen aus altem Porzellan.

*

Die Bucht von Porto Kagio am Lakonischen Golf bildet mit der Bucht von Marmari am Messenischen Golf eine Landenge, die an ihrer schmalsten Stelle kaum einen Kilometer breit ist. Nach diesem Nadelöhr beginnt noch einmal Manis letzte Welt. Ein bröckelnder Schiefer hat den bis Vathia vorwiegenden Marmorkalk verdrängt. Geröllfäler wechseln ab mit leeren Hochebenen. Aufgeschichtete Steinwälle, Reste alter Parzellierungen, laufen wie nicht entzifferte Hieroglyphen über die Hügel, die im Grau der verbrannten Macchia, dem Lila von wilden Zyklamen und dem Grün kleiner widerständiger Kräuter flimmern gleich unentschiedenen Aquarellen. Vor einem rosa Horizont gewinnen die Bergrücken ein sanfteres Grau. Die Karte gibt einen Ort namens Kokkinoia an. Danach taucht das Kap Matapan ins Meer.

Es ist der südlichste Zipfel griechischen Festlandes; hier liegt, wußten die Alten, der Eingang zum Hades. Auf den letzten Geröllfeldern vor dem Meer trotzen noch einige niedrige Häuser. Bis auf eines sind sie leer. Ein altes Ehepaar winkt durch einen Blumengarten an schaukelnden Vogelkäfigen vorbei und führt in die Küche. Die Greise reichen Kaffee und Wasser und fragen nach den Neuigkeiten in der Welt. Die Wände ihres kleinen Raums sind tapeziert mit Zeitungsausschnitten über den exilierten griechischen König und seine Familie. Synchron schimpfen sie über die griechische Regierung, obwohl – wie sie zugeben müssen – Papandreou ihnen vor vier Jahren zu Strom verholfen hat. Sie wurden beide mit 19 Jahren durch ländliche Heiratsvermittlung zusammengeführt und haben sieben Kinder großgezogen. Jetzt füttern sie einige gefleckte Katzen, die die Farbe der Steine haben: roter, schwarzer, gelber Schiefer. Zum Abschied brechen sie im Garten zwei purpurne Nelkenblüten ab, die noch lange ihren schweren dunkelsüßen Geruch behalten.

*

Später Nachmittag in Kitta. Petros Mantouvalos, der Dorfälteste und Nachfahre eines berühmten Geschlechts, führt durch die Türme seines Ortes. Hier fand 1870 die letzte maniotische Fehde statt, eine einsame Nachzüglerin; die griechische Armee klärte das. Heute ist das Dorf fast verlassen. Der Alte zieht die Ohrenklappen seiner Mütze her unter und läßt selbstbewußt die wolligen weißen Bartenden über das Revers des Jacketts wippen: »Was haben die damals doch für schöne Türme gebaut. Wenn Du heute 100 Albaner holen würdest, würden die keine so schönen Türme bauen.« Albaner, Bulgaren und Polen restaurieren gegen Billiglöhne die alten Türme. Denn viele Manioten, die einst für Buchstaben und besseres Leben nach Athen gingen, möchten zurück zu ihren Steinen. Und sei es nur für einige Wochen im Sommer oder die Jahre im Alter.

Petros Mantouvalos schreitet die Türme Kittas ab und deutet auf den Schlußstein mit der Gravur des Datums: 1789. Dort ein Turm mit einer alten Ölmühle: 1822. Der Mühlstein liegt auf den zerborstenen Bodendielen, durch die Wurzeln brechen. Der Turm mit dem Backofen: 1821. Zwischen porösen Mauern schaffen sich meterhohe genügsame Feigenkakteen Platz, eine Ziege ruft hinter einer Turmtür mit der Zahl 1761. Im flachen Abendlicht fangen die Türme, Treppen und Gassen zu leuchten an. Hinter einzelnen Fenstern wird es hell, neben den Türen stehen bauchige Amphoren, Behältnisse für Wasser und Öl. Drei Männer mit geschulterten Gewehren gehen nach Hause. Sie bringen Wachteln mit, einige Zugvögel und zwei Hasen. Hinter einem Maulbeerbaum verschwinden sie in ihrem Turm; ein Käuzchen fliegt auf. Das Grau der Türme ist nun zum Grau der Berge geworden, die näher kommen, bis der Abend, liniert von den gekalkten Kanten der Treppenstufen, zu einer anachronistischen Schiefertafel erstarrt.

Thessaloniki

Im Pflaster eines kleinen Weges, zwischen zwei kurzgehaltenen Rasenstücken, liegt ein Stein, der sich von den anderen ein wenig unterscheidet. Vage Schriftzüge sind in ihn eingemeißelt. Einige Schritte weiter trägt ein Stein deutlich Zeilen hebräischer Schrift, ein zweiter daneben zeigt in seinem abgelaufenen Marmor noch Zacken eines Davidsterns. Den Bordstein hinunter zur Straße, an der nun zu Beginn der morgendlichen Vorlesungen dicht an dicht die verstaubten Autos parken, bildet eine große jüdische Grabplatte mit einem Datum aus der Mitte des 19. Jahrhunderts. Der seltsame Weg führt vom Meteologischen Institut zur Bibliothek der größten Universität Griechenlands und des Balkans, des Aristoteleio Panepistimio von Thessaloniki. Mit ihren Kollegmappen schlendern täglich die Thessaloniker Studenten über die unauffällig sprechenden Steine und wundern sich nicht, daß auf dem Universitätsgelände ein Weg mit jüdischen Grabsteinen gepflastert ist.

In Thessaloniki geht nichts verloren, weil die Stadt mit der Zeit alles immer wieder brauchen kann. Sie ist eine alte Aristrokratin der Improvisation, eine unerschrokkene Artistin des Recyclings. Auf den filigranen Balkongalerien ihrer Hochhäuserschluchten stehen die Feta-Büchsen, im ersten Leben gefüllt mit weißem, salzigem Schafskäse, nun als Geranientöpfe und Kräutergärten. Und wo es kalt ist, in der Morgendämmerung auf dem griechisch-orientalischen Modianou-Markt,

haben Feta-Büchsen Messerschlitze im Metall, und es lodern in ihnen kleine Feuer, an denen sich die Händler der Apfelsinen, Pistazien und Oliven die dunklen Finger wärmen. Auch ausrangierte Kinderwagen-Untergestelle lassen sich wunderbar wiederverwerten: mit einer aufmontierten Spanplatte oder einem alten Koffer verwandeln sie sich in ambulante Verkaufsstände, die wie schaukelnde süße Inseln im Strom der Fußgänger schwimmen. Entschlossene Arbeitslose schieben sie über die Boulevards voran, um Buttermais anzubieten, geröstete Kastanien und Koulouri, die mit Sesam bestreuten Weißbrotkringel.
Und zerschlagene marmorne Grabsteine sind unter dem ruhigen Blick der Nützlichkeit ein Haufen von Steinen, gutes, solides Material. Es läßt sich schneiden und schleifen. Als Straßenpflaster taugt es allemal.
Auf einem Gelände von 357 796 qm im Gebiet der heutigen Universität und weit darüber hinaus standen 300 000 Grabsteine, eine jüdische Nekropole, deren Gründung auf das 2. Jahrhundert vor Christus zurückgeht. 1943 ließen die deutschen Besatzer eine Steinwüste zurück. Die Marmorpreise in der Stadt sind danach rapide gesunken.

*

Die alte Dame sitzt mit einem Mädchenlächeln im Lehnstuhl. Ihr wird nichts mehr passieren können. Sie schaut ruhig hinüber auf die Galerie von Photographien: Hochzeiten, Kinder, Hochzeiten, Kinder, Hochzeiten. Hinter gerafften Volants liegt farblos das Meer. Die alte Dame legt ihre zierliche Hand auf den Knauf eines Stockes. Eine griechische Hausangestellte richtet die Blumen in einer Kristallvase auf dem Tisch des Wiener Salons. Dann reicht sie Cola und Gebäck.
»Ich bin 19 gewesen«, sagt die alte Dame und lehnt sich

vorsichtig zurück, »als ich nach Saloniki kam.« In Leipzig lernte die Medizinstudentin Hella Kunio, geborene Löwi, ihren Mann kennen und folgte ihm nach Thessaloniki, wo das junge Paar in Ano Poli, der Oberstadt, eines der türkischen Häuser bezog. »Seine Familie war 1492 aus Spanien vertrieben worden. Unter der Herrschaft von Isabella und Ferdinand von Kastilien kamen etwa 20 000 spanische Juden nach Saloniki, besser: nach Selanik, in die zweite Hauptstadt des osmanischen Reichs. Der Sultan gewährte ihnen Religionsfreiheit. Und die Juden prägten die Stadt natürlich. Entweder waren sie sehr reich, Seidenhändler, Pelzhändler und so weiter; oder sie schafften es nicht und blieben hundearm. Dann schufteten sie als Lastträger im Hafen oder schlugen sich durch als fliegende Händler, verkauften gedickte Milch oder Kaffee oder Süßigkeiten in den Straßen. Aber wie immer sie auch lebten, Saloniki war für sie das Zweite Jerusalem. Schon im 16. Jahrhundert nannten sie es Stadt der Gerechtigkeit Mutter Israels.«
Draußen hat es zu regnen begonnen, und die vom Neonlicht eines Cafés angestrahlten Tropfen durchfließen die Gardine wie das Flimmern einer Kinoleinwand. »Damals war Saloniki international. Jüdische Verlage publizierten mehrere Tageszeitungen in französisch, spanisch, italienisch, griechisch und bulgarisch. Man unterhielt sich in den großen europäischen Sprachen. Und die Juden hier haben oft besser türkisch gesprochen als griechisch. Schließlich gab es noch das Ladino, die Sprache der spanischen Juden aus der Zeit, da sie vertrieben wurden. Es war das Spanisch Cervantes'. Man sprach es in Saloniki auf der Straße, und mein Cousin spricht es heute noch mit seinem Nachbarn in Tel Aviv. Diese Heimat der Sprache haben sie sich bewahrt.«
Es folgten die Jahre mit dem deutsch-österreichischen Club, zu dem auch die Engländer erschienen, die Tanz-

abende samstags mit dem Grammophon und sonntags die Ausflüge zu den Badestränden von Agia Triada. »Das Meer war damals noch näher, und das Wasser war kristallklar. Das findet ihr nimmermehr.«
Freundschaften entstanden, zum Beispiel zu einer Familie, die im Villenviertel Panorama auf den Anhöhen hinter Saloniki dann einen Herrn Waldheim beherbergen mußte. Der spätere UN-Generalsekretär und österreichische Bundespräsident hat hier die Transporte nach Auschwitz zusammengestellt. »Zwei- bis dreimal die Woche, pro Transport 2400 Juden, je 80 in einem Waggon. Aber ich habe das alles ausgesagt. Ich habe keine Angst.«
Von den 250 000 Menschen, die 1943 in Thessaloniki lebten, waren zwischen 50 000 und 60 000 Juden. 48 000 wurden in Vernichtungslager deportiert. Heute zählt die jüdische Gemeinde der Stadt kaum noch 1500 Mitglieder. Ein jüdisches Saloniki gibt es nicht mehr. Aber wer darauf achtet, wird noch alte Menschen finden mit einer Gravur auf dem Unterarm. Die Auschwitz-Häftlingsnummer von Hella Kunio hat fünf kleine blaue Ziffern.

*

Wenn Städte einen Rhythmus haben, einen Herzschlag, dann pulsiert Thessaloniki in Synkopen. Genauer, es kennt zwei Rhythmen, die es gegeneinander versetzt in Spannung halten: europäisches Vivace und morgenländisches Legato. Thessaloniki unten am Meer ist internationale Messestadt, eine flimmernde Akkuratesse von Glas und Beton, ein Ungeheuer aus Hochhäusern, in dessen Schlünden der Verkehr tobt. Und Thessaloniki oben, die Oberstadt Ano Poli, hinter der bald das hügelige makedonische Hinterland beginnt, ist üppig grünes Dorf, in dessen überwachsenen Lichthöfen wil-

de Katzen den Tag verschlafen. Ano Poli ist der älteste erhaltene Stadtteil. Er erhebt sich, als habe die Stadt einen breiten Kragen aufgestellt.
Von den jüdischen Grabsteinen auf dem Universitätsgelände sind es nur wenige Gehminuten hinüber in das alte Viereck der inneren Stadt. Die Metamorphosen des nun sachte ansteigenden Häusermeeres sind fließend, und jeder Fußgänger wird sie verstehen. Er wird drei Grenzen passieren, drei höllische Straßen, die in der Paralelle zum Meer wie amphitheatralische Stufen verlaufen: die Schneise Agiou Dimitriou, die Schlucht Kassandrou und schließlich Olimpiados, die das untere Stadtgebiet in einem leichten Bogen umfaßt.
Jenseits der Kassandrou lichten sich die Häuserzeilen ein wenig, und es wird steil. Ab und an ist eine Straße nicht geteert. Schöne Salonikerinnen setzten ihre glattrasierten Beine in Kuhlen von Sand und bröckelndem Stein, wo eine hölzerne Villa verfällt und Brennesselgestrüpp wuchert. Und nach der Olimpiados beginnt ein winkeliges Labyrinth von pastellfarbenen kleinen Häusern, blau, weiß und lindgrün, manche jedes Frühjahr frisch übertüncht, so daß die dicke Schicht der Farben nun ein Teil des Mauerwerks geworden ist und sich wie gegossen vom Katzenkopfpflaster erhebt. Die türkischen Häuser zeigen noch Fachwerk, Erker und Gittergewirk, hinter denen einst Haremsdamen die Gassen beobachteten, ohne selbst gesehen zu werden.
Es ist eine Gegend, wo die Leute nach Ostern, wenn die Sonne endlich wieder scheint, ihr Sofa und die Küchenstühle vor die Tür stellen. Feigenbäume quellen aus verlassenen Höfen, vor anderen, sauber geputzten, wuchern Bougainvillea neben Basilikum und Paprika. Unter den sanft schaukelnden Vogelkäfigen häkeln Frauen in Schwarz. Manche Gassen sind hier so eng, daß die ausgebreiteten Arme die Häuser auf beiden Seiten berühren können. Manche werden wieder wei-

ter, machen Platz für verschworene Kafenions, in denen graue, gelangweilte Männer residieren.
Noch ein wenig höher, gleich an der Stadtmauer, wo die Akropolis beginnt, liegt das Kloster Vlatadon. Hier predigte – von der jüdischen Gemeinde eingeladen – der Apostel Paulus. Zweimal war er gekommen und hat mit den »Thessalonichern«, denen er vorbildliches Verhalten unter allen Gläubigen in Mazedonien und Achaja bescheinigte, einen Briefwechsel geführt. Thessaloniki ist einer der ersten Orte der Christianisierung Europas.
Im Dunkel der Klosterkirche ist nichts zu erkennen. Langsam entstehen an den Wänden Rastermuster von kleinen Löchern, dann zeichnen sich in den Zwischenräumen dunkle Farbspuren ab: Falten eines Gewandes, eine Wangenpartie, ein Fuß, ein Auge, die Geste einer Hand. Auch diese Kirche ist eine Moschee gewesen. Gemäß dem mohammedanischen Bilderverbot überzogen die Türken die christlichen Malereien mit einer Gravur von Speerspitzen, damit der Mörtel, mit dem sie die Wände neu verputzten, besser hafte.
Im Klosterhof halten die Mönche Pfauen. In byzantinischer Symbolik verweisen ihre Federn auf die Flügel von Engeln. So schlagen hier oben mit einem unvergleichlich rasselnden Ton exilierte Cherubim ihr schillerndes Rad in den Wind.

*

Die Greisin heißt Ourania. Sie trägt den griechischen Himmel, »ouranos«, in ihrem Namen und ist Besitzerin des blauesten Hauses im alten Steinbruch. Wer ihn sucht, wird vom Kloster Vlatadon nach Westen gehen und dann hinter der Stadtmauer fragen müssen. Der Ort ist unbekannt und ehrenwert. Seine Straßenzüge sind in den gängigen Stadtführern nicht verzeichnet.

Hier aber begann die griechische Geschichte Salonikis. Nach dem verlorenen Krieg 1923, der »Kleinasiatischen Katastrophe«, mußte Griechenland einen Vertrag mit der Türkei schließen, der eine Völkerwanderung per Dekret auslöste: alle griechischstämmigen Einwohner der Türkei mußten nach Griechenland, alle in Griechenland wohnhaften Türken in die Türkei übersiedeln. Von den eineinhalb Millionen kleinasiatischen Flüchtlingen kamen 100 000 nach Thessaloniki und ließen die Bevölkerung der Stadt schlagartig um 40 Prozent anwachsen. Die Hellenisierung Thessalonikis begann durch Griechen aus der Fremde. Es waren Entwurzelte, die ihre Bouzoukis mitbrachten und die traurigen Rembetika sangen. Die letzten von ihnen wohnen noch im alten Steinbruch, wo sich eine der Siedlungen erhalten hat, wie sie 1923 in der Not flüchtig konstruiert worden waren.

»Sie haben uns vergessen«, keucht Ourania und erklimmt, die Balance mit einem schwarzen Stock suchend, die drei Stufen hinauf zur Haustür. »Sie haben uns vergessen. Kein Bad und nichts.« Sie läßt sich langsam auf ein Sofa nieder und bettet ihren dunklen Haarknoten in einen Sturm von Streublumen auf einem Sofakissen. Ein Strauß weißer Rosen verblüht auf dem Tisch. »Ich bin in Ostthrakien geboren. Mein Vater war Seidenraupenzüchter. Er hatte eine herrliche Plantage von Maulbeerbäumen. Er verkaufte den Türken diese Raupen. Als wir flüchten mußten, verkaufte er alles in wenigen Tagen. Er trug einen Gürtel ganz voller Gold. Mit meinen vier Geschwistern jagte er mit dem Pferdewagen davon; ich aber war zu klein und bin mit der Mutter auf einem russischen Passagierschiff nachgekommen.« Sie zeigt auf eine Photographie hinter gelbem Glas. »Und das ist mein Mann. Wir heirateten in Saloniki. Er hat in eine Schokoladenfabrik investiert, und das ging schief. Vor 35 Jahren ist er gestorben.«

Unter einer Schicht von Fingerabdrücken verlieren sich die Konturen einer blassen Jünglingsgestalt. »Sie haben uns vergessen. Wenn ich mich waschen will, muß ich einen Topf auf den Ofen setzen. Es ist kalt. Es regnet überall herein.« Zwei Rosenblätter fallen auf die gewebte Wolltischdecke, wo Ouranias Hände liegen wie zwei braune Schafe.

»Es gibt immer weniger griechische Familien im Steinbruch. Die Türken kommen. Sie wollen unsere Häuser kaufen, aber das wollen wir nicht. Das wird noch wie auf Zypern.« Zitternd gießt sie Wildkirschenlikör in winzige Gläser. »Die Türken sagen dann: unsere Kinder sind doch hier geboren. Und wir sagen: und wir sind in der Türkei geboren.« Sie führt durch die tiefblaue Küche in ein rosa getünchtes, winziges Klo, dessen Lehmboden uneben ist. Buntgetupfte Plastikfolie ist mit Reißzwecken an die poröse Zimmerdecke genagelt. Ein Türke aus der Siedlung hat ihr ein wenig geholfen. Von den 80 Familien im Steinbruch kommen heute 20 aus der Türkei. »Griechische Handwerker kriegt man ja nicht. Und es war ein guter Türke. Er läßt sich Takis nennen und will sein wie ein Grieche. Aber jetzt ist er ausgewandert, nach Deutschland.«

Draußen liegt die Sonne wie Wachs in den Gassen, an denen sich niedrige Ziegel- und Lehmbauten schachteln, mit grünen, gelben und pfirsichfarbenen Stufen. Hühner hacken im Lehm unter den Feigenbäumen. Granatapfelbäume lassen rote Früchte auf die Erde platzen. Und über den Rand des alten Steinbruchs schauen wie Fremdlinge die Hochhäuser herunter mit ihren Flimmerhaaren von wilden Antennen.

»Es ist schön hier«, sagt eine junge Mutter in einem stechend rosafarbenen Strickkleid und wirft den blondierten Sturz von Löckchen in den Nacken, »es gibt keine Autos, und die Kinder können draußen spielen. Nur der Zustand der Häuser ist miserabel.« Ein kleines

Mädchen an ihrer Seite wirft Kiesel auf die Erde und überspringt sie nach komplizierten Regeln. »Als meine Mutter so alt war wie die Kleine hier, hat meine Oma immer gesagt: warte, morgen kommen die Bagger, reißen alles ab, und die Stadt baut uns schöne Häuser. Aber jetzt ist meine Mutter Oma, und ihr Enkelkind spielt im Steinbruch, wie sie damals, nun in der vierten Generation.« Sie zuckt mit den Schultern. »Das ist eben so eine Sache mit der Hoffnung.«

Niwat lacht. Die junge Türkin hockt in der Schar ihrer schönen Kinder vor einem der Nachbarhäuser und beißt in einen Apfelsinenschnitz. Ihr rotgeschminkter Mund wird nur vom Rot ihres Adidas-Sportanzugs überboten. »Uns geht's doch gut, wir essen Orangen!« Ihre Familie ist von Xanthi, einer kleinen Stadt im griechisch-türkischen Grenzgebiet, nach Saloniki gekommen, weil ihr Mann auf dem Gemüsemarkt Arbeit gefunden hat. »Natürlich sind die Häuser nicht in Ordnung, und Ourania hat Sorgen, wie alle alten Leute. Aber wir vertragen uns doch.« Ihren religiösen Pflichten kommt sie wie andere türkische Familien aus Saloniki in der Thrakischen Provinz nach. Dort trifft man sich zu den hohen Feiertagen in einem türkischen Kulturverein.

Das türkische Thessaloniki ist geschlossen. Auch das letzt Chamam, das Paradies-Bad an der Egnatia, hat zugemacht. Die meisten der schönen Bäder und Moscheen verrotten als Klettergerüst für all das Grün, das hier unermüdlich aus verlassenem Boden kriecht. Manche der alten türkischen Gebäude sind in Privatbesitz und haben ein vergleichsweise glückliches Schicksal. Sie werden zwar zweckentfremdet, aber jedenfalls genutzt. Im Giachounti-Chamam etwa, gleich bei den Markthallen, stapeln sich hölzerne Retsina-Fässer, und ein Wirt mit Bauchbinde brät den silbernen Fisch mit Petersilie und Tomaten. In der großen Moschee Chamsa-Bei Tsami haben sich kleine Schuhgeschäfte eingenistet, jemand verkauft Klingen aus Solingen, und den riesigen Innenraum nutzt »Alkaszar«, ein geschätztes Pornokino. Und im alten Bahnhof werden heute nur noch Güter umgeschlagen; es ist kein wichtiger Ort, ein Stück Niemandsland im Hafen. Aber wenn die Türken Thessaloniki »Wiege der osmanischen Freiheit« nennen, dann fällt ihnen mit einem Lächeln der alte Bahnhof ein.

Thessaloniki war die erste Bahnstation des osmanischen Reichs, die den Balkan mit Europa verband. 1908 jubelten die Jungtürken die Marseillaise in den Straßen der Stadt, und eines Tages beschlossen sie – jetzt oder nie – nach Konstantinopel zu ziehen, um den Sultan gefangenzunehmen. Nur hatten sie nicht bedacht, daß es Samstag war. In Saloniki herrschte Sabbat-Ruhe. So begannen sie, mit den Juden zu verhandeln, ob nicht ausnahmsweise einmal an einem Sabbat die Eisenbahn fahren könne. Die Juden ließen sich von den Revolutionären überzeugen, und die Jungtürken brachten den letzten Sultan, Abdul Hamid II., nach Selanik. In der Villa Allatini nahmen sie ihn unter Hausarrest. Einer seiner jugendlichen Bewacher war ein gewisser Kemal Atatürk. Sein Geburtshaus steht in Ano Poli, unweit des Klosters Vlatadon.

⋆

Der Graf legt das russisch-deutsche Wörterbuch beiseite und klappt den dritten Band von »Krieg und Frieden« zu. In das sechste Stockwerk seiner Hochhauswohnung dringt der Straßenlärm der sechsspurigen Egnatia nur noch als ein grundierender Dauerton aus gleichförmigen Sequenzen: Anfahren, Abbremsen, Durchstarten, Abbremsen, Anfahren. Durch die geräuschlos schwingenden Gardinen kann der Graf die Ruinen der östlichen Stadtmauer sehen und die spätrömische Rotunda mit ihrem türkischen Minarett, in dessen Umkreis manchmal die Rentner mit kleinen Messern und Plastiktüten den Löwenzahn sammeln für ihren Salat. Wie ein gefesseltes Schalentier lag die Rotunda jahrelang hinter Gerüsten und Gittern, vielleicht 1600, vielleicht 1700 Jahre alt, eingekreist von schnöden Hochhäusern. Keiner weiß genau, was sie war. Hippodrom, Mausoleum? Ihre Mosaiken sind noch nicht enträtselt.

Es ist staubig in der Wohnung. Die Wände tragen jene Farbe, die allein der Zeit gelingt, ein vergangenes Weiß, das sich im Lauf der Jahrzehnte dezent verdunkelt hat. »Schauen Sie hier, das sind meine altgriechischen Bücher, und da die lateinischen, hier die portugiesischen, die spanischen, die französischen, die hatte ich damals während des Studiums in Paris gekauft.« Aus dem Arbeitszimmer leuchten golden die abgegriffenen Buchrücken einer alten Grillparzer-Ausgabe, und daneben stehen Goethes Werke letzter Hand, Cotta 1830. »Ich fing damals ganz neu an. O kírios Goethe? Ist dort der Herr Goethe? fragte man mich am Telephon. O ídios! Persönlich! sagte ich dann. Man dachte, ich mache hier ein Privatunternehmen auf. Nun gut, mit der Zeit hat es sich dann schon herumgesprochen, wer Herr Goethe war.«

Kurt Graf von Posadowsky-Wehner gründete 1955 das Saloniker Goethe-Institut, 1960 die deutsche Abteilung der Aristoteles-Universität Thessaloniki und war zwanzig Jahre im Vorstand der deutschen Schule. Heute ist er 86 Jahre alt und gelassen. Die Risse in seinen Wänden, vom großen Beben 1978, bleiben in weißen Zacken verputztes Wetterleuchten, zwischen denen ein Familienwappen, ein alter Stich oder das kolorierte Hochzeitsphoto seiner Eltern (Konteradmiral Harry Graf von Posadowsky-Wehner und Erika Witzleben-Normann) ältere Geschichte zitieren.

Wenn der Graf nicht liest, erinnert er sich. Zum Beispiel an den letzten König Konstantin, dem er noch die Hand schüttelte. 1967 war das. »Und seine Mutter Friederike war ja ein bißchen verrückt. Sie lebte meist in Indien mit einem Guru. Griechisch sprach sie nicht, wie überhaupt die ausländischen Frauen in Saloniki kaum Griechisch gelernt haben. Später ist sie in Madrid gestorben; ihre Tochter Sofia ist ja noch dort.« Und dann der Putsch. »Wenige Tage zuvor hatte ich Konstantin noch mit Papadopoulos zusammen gesehen und wirklich nicht gedacht, daß er so einen Putsch machen wollte. Dann rollten die Panzer, und zwei, drei Tage durfte man nicht auf die Straße gehen. Aber dann war das Leben wieder normal.« Sieben Jahre normale Militärdiktatur? Zweifel überhört der Graf. »Ich hatte gute Beziehungen zu Gegnern des Militärs. Aber auch zu Leuten, die dazugehörten.« Einer seiner ehemaligen Schüler sei damals sogar Kultusminister geworden. »Ich habe lachen müssen«, sagt der Graf, »Kultusminister! Davon hatte der keine Ahnung.«

Der alte Graf wird nicht zu seiner Tochter an den Starnberger See ziehen, um einen beschaulichen Lebensabend zu verbringen. Irgend etwas hält ihn in diesem Hochhaus hinter den windigen Vorhängen einer heftigen Stadt. Vielleicht steht die Antwort im neunten oder zehnten Band seiner Memoiren, an denen er unermüdlich tippt. Vorläufig begnügt er sich mit dem Hinweis, er sei ein wenig einzelgängerisch und ein Thessaloniker Kosmopolit.

*

Thessaloniki, 2300 Jahre alt, geschlagen nicht nur von den Faschisten, belagert, umkämpft und verwüstet von Goten, Awaren, Slawen, Sarazenen, Bulgaren, Kreuzrittern – Thessaloniki war römische Provinzhauptstadt,

Residenz des Kaisers Galerius, zweite Hauptstadt des byzantinisches Reichs. Thessaloniki ist wie ein alter Papyrus, dessen Text im Laufe der Jahrhunderte immer wieder gelöscht und mit einem neuen überschrieben wurde. Erdbeben und Feuer gravierten sich ein. Andere Autoren griffen zu Lehm und Holz, Ziegel und Marmor, und die jüngsten arbeiten mit Stahl und Beton. Und sie zerstören die Hinterlassenschaften der älteren Kollegen mit einer Vehemenz, die es mit einer Naturkatastrophe aufnehmen kann. Baustelle ist die Stadt, in der in einer einzigen Nacht Häuser wachsen können, denn das Baugeschäft ist zur lukrativsten Branche geworden. Doch wie auf einem Papyrus ist nicht immer der jüngste Text der interessanteste.

Die deutsche Byzantinistin hat sich auf einen der bonbonfarbenen Café-Stühle gesetzt, die im freien Halbrund der Aristotelous-Anlage zum Meer hin aufgestellt sind. Sie schaut streng über den Platz. »Im Hinblick auf die byzantinische Kunst ist Thessaloniki Ravenna weit überlegen«, sagt sie finster. Sie trägt ihr rotgoldenes Haar zu einem dicken Zopf gebunden und nimmt die grüne Sonnenbrille nicht ab. Sie zählt sechs, sieben Kirchen auf. Ein leichter Wind kommt vom Meer und läßt die wächsernen Blätter der Ziersträucher neben den Tischen zittern. »Aber das ist nicht weiter bekannt. Die Thessaloniker versäumen immer wieder, ihre Stadt als Kulturstadt zu beleben. Man buddelt und findet etwas, und schüttet es eben wieder zu. Würde man richtig anfangen zu graben, sähe es hier aus wie in Rom. Die Kaiserresidenz des Galerius verläuft vom Meer bis hoch zur Egnatia.« Sie saugt einen Schluck Orangensaft durch den Strohhalm. »Und in irgendwelchen Kellern sind massenweise Ikonen gestapelt, die einmal ins Byzantinische Museum sollen.« Ihr Blick bleibt böse und dunkelgrün. Sie spricht nicht von der Angst vor europäischen Invasionen, vor den Kommissionen aus Athen, vor Fremdbestimmung durch ausländische Forscher. Sie muß jetzt gehen. »Ich habe in der Panteleimon-Kirche ein gerade freigelegtes Fresko gesehen. Als ich später noch einmal hinkam, war es wieder übertüncht.«

*

Geschundenes Meer. An der Paralia, der berühmten Thessaloniker Uferpromenade, schwappt ein Gemisch von treibendem Holz, Kot, Quallen, toten Ratten und Plastikabfällen. Im rosa Abendlicht liegt der Weiße Turm. Es ist windig. Drüben im Süden zieht sich der Küstenstreifen von Kalamaria mit den alten Badestränden und weiter Pereas und Agia Triada. Wenn die jetzt gebaute Kläranlage endlich in Betrieb gesetzt ist, wird man dort einmal vielleicht wieder baden können. Ohne sich vom Moloch des zunehmenden Feierabendverkehrs stören zu lassen, hat ein Ikonenmaler in T-Shirt und Jeans seinen Holzstuhl noch in die letzten Sonnenstrahlen gestellt und malt ruhig auf goldenem Grund nach den immer gleichen Schemata.

Seltsame Stadt, west-östliche Stadt aus Mischungen, Fragmenten, Zitaten. Gleich wird es Nacht sein. In ihrem dunklen Salon am Meer sitzt Hella Kunio, geborene Löwi, und schaut sich skeptisch ein Video an, »Holocaust«. Im Steinbruch am anderen Ende Salonikis ist die Greisin Ourania noch immer mit Filz und buntgetupfter Plastikfolie dabei, ihr Zimmer abzudichten, und heimlich schimpft sie auf den guten Türken Takis, der auf und davon ist, nach Deutschland. In der Diagonalen zwischen beiden, im Zentrum hoch oben über der brüllenden Egnatia, liest der alte Graf seinen Proust. Vorsichtig blättert er in der ersten bei Gallimard erschienenen Ausgabe von »À la recherche du temps per-

du«. Er dürfte der einzige in der Stadt sein, der diese Ausgabe besitzt.
Und Giorgia brät zu dieser Stunde mit viel Olivenöl, Minze und Knoblauch eine Pizza in der Pfanne. Giorgia mit dem riesigen Gefrierturm und der Einbauküche aus Deutschland, Giorgia, die Remigrantin. Mit ihrem Mann hat sie 20 Jahre in Düsseldorf gearbeitet, zuerst in einer Gummifabrik, dann, was besser war, Akkord in der Autoindustrie. Vom ersparten Geld haben sie sich eine Hochhauswohnung in Saloniki gekauft und einen Bauplatz in ihrem alten Dorf. Leben wollen sie aber in der Stadt. Das geht den meisten Remigranten so, die jung aus den armen Dörfern Nordgriechenlands nach Deutschland als Gastarbeiter gezogen sind. Sie passen nicht mehr richtig unter die Dorfbewohner; in der Fremde sind sie Städter geworden. Und ihre Kinder sprechen das Deutsch aus Düsseldorf, Nürnberg, Hamburg oft besser als Griechisch. Nach Schätzungen hat schon jeder fünfte Thessaloniker Deutschland-Erfahrung.
Giorgia erzählt von Maria, ihrer Tochter, die in einem Tübinger Studentenwohnheim lebt. Dort beendet sie gerade eine literaturwissenschaftliche Magisterarbeit zum Thema Migrantenliteratur in der BRD. Als Titel hat sie ein Zitat des türkischen Dichters Aras Ören gewählt: »Europa ist die Reflexion meines Gesichts«. Giorgia freut sich, wenn Maria in den Semesterferien kommt. Sie wird ihr einen Schmuckteller mitbringen, mit einem Tübinger Motiv. Den stellt Giorgia dann in ihre altdeutsche Vitrine mit den nachempfundenen Butzenscheiben, zwischen den Schmuckteller von Düsseldorf und den von Santorin.

Unter Existenzgründern

Die Steinkohle wird bei Karstadt abgebaut. Auf »Sohle III, 558 Meter« unter der Erde glänzt das anthrazitfarbene Mineral in den Raumteilern zwischen den Speisetischen. Vor photographischen Wandtapeten, die halbnackte, schwarz verschmierte Bergleute in Lebensgröße abbilden, wiegen Gäste das preisgünstige Essen grammweise auf bruchsicheren Tellern ab. Von der Decke hängen Metallkörbchen mit Schwamm und Seife: »Waschkauenhaken«, sagt das alte Emailleschild. In Eckvitrinen liegen Grubenlampen und Helme wie Pretiosen. Zwei Videos zeigen synchron dasselbe Programm: »Glück auf!« Minutenlang bleiben abgefilmte Photographien aus den großen Kohletagen des Ruhrgebiets stehen. Das waren die Zeiten, als Geschäftsleute schon mittags ihr Oberhemd wechselten, so dreckig war nach wenigen Stunden der Kragen.

Wenn das Ruhrgebiet, wie es das Regionalmarketing möchte, das Herz Europas ist, dann ist Bottrop seine schwarze Herzklappe. Die Arbeitslosigkeit liegt bei rund 15 Prozent. Das Kaufhausdesign ist antizipatorisch: Es lädt schon besänftigend zur Nostalgie der Kohle ein, während, nur wenige Busminuten weiter, die letzten Mahnwachen stehen, vor der einzigen noch arbeitenden Zeche Bottrops. Die Kohle aus dem Ruhrgebiet muß subventioniert werden. Auf dem Weltmarkt ist Kohle mit sehr viel niedrigerem Schwefelgehalt zu haben. Zum halben Preis.

Der Omnibus hält bei »Ahrenberg Fortsetzung«. Eine alte Platanenallee führt in die Zechenanlage der 30er Jahre, die einst ein architektonisches Renommierprojekt gewesen ist. Heute beherbergt das 2000 qm große Areal ein Gründer- und Technologiezentrum, das kleinen Dienstleistungs- und Handwerksbetrieben Starthilfe gibt. Und in der ehemaligen Lohnhalle, einem großzügigen Backsteinbau, hat sich eine Sozietät installiert, deren Name ebenso empfindlich ist wie ihr Projekt: »Gesellschaft für innovative Beschäftigungsförderung«, kurz »GIB« genannt. Was den hohen Ruf der GIB in Bottrop und Umgebung begründet, ist ihr Anspruch, aus der Not eine Tugend zu machen: Die GIB ist eingebunden in ein Landesprogramm und fördert Existenzgründungen aus der Arbeitslosigkeit heraus.
Die Eingangshalle hat den hohen Ernst eines Kirchenschiffs. Wie Votivtafeln erinnern die alten Revier-Schilder an Bergleute, die hier einst Lohntüten abholen konnten. Wer heute hereinkommt, geht direkt auf die eiserne Freitreppe zu; oben in den weiß gehaltenen Zimmern finden Existenzgründungsseminare statt. Projektleiterin Christiane Siegel ist gewillt, für Sieger zu arbeiten. Für die zierliche entschiedene Frau ist Scheitern voraussehbar. Und die Möglichkeit von Erfolg theoretisch zu kalkulieren: Stimmen Idee, Finanzierung, Umfeld, Verkehrsanbindung? Stimmt vor allem das Persönlichkeitsprofil? Sie kennt hervorragende Angestellte, auch in leitenden Positionen, die noch lange nicht zum Unternehmer taugten. Während eines Wochenendseminars stellen sich reale Arbeitslose als mögliche Selbständige in der Gruppe vor. Jeder hört jedem zu. Jeder testet jeden. Solche existenzgründende Dynamik findet hinter geschlossenen Türen statt.

*

Peter Wojtek, 44 Jahre alt, sieht hinüber vom Schreibtisch auf das Schaufenster seines neuen Ladenlokals, das er selbst gestaltet hat. Indirekte Beleuchtung wirft grünes Licht auf die originalgetreue Nachbildung der Gorch Fock, eine Leihgabe, im grundierenden Sand mit hingestreuten Muscheln. Er hat Kreuzfahrten im Angebot. Jenseits der Scheibe verkehren die Bottroper Stadtbusse.

Am 9. Juli 1978, es war gegen 10 Uhr an einem Freitagmorgen, gab die Eternitplatte eines Hallendachs nach, und der Elektrotechniker Peter Wojtek fiel 13 Meter in die Tiefe. Als er nach sieben Tagen aus dem Koma aufwachte, erklärte man ihm, daß er doch nicht querschnittsgelähmt sei. An eine Weiterbeschäftigung als Elektriker, der anheben, tragen und in verdrehten Zwangshaltungen arbeiten muß, würde freilich nicht mehr zu denken sein. Damals, sagt Peter Wojtek heute, war ich 26 Jahre alt und auf dem Höhepunkt meiner Karriere.

Er hatte eine Ausbildung bei einer Zeche hinter sich und war danach für eine Baufirma auf Montage gegangen. Er sprach Englisch und hatte, weil er öfter nach Chile geschickt wurde, Spanisch gelernt. Er verdiente 7000 Mark im Monat und wußte, in seiner Firma war genau er der Mann für komplizierte Auslandsaufträge. Er genoß es, nach wochenlanger Arbeit, auf einen Knopf zu drücken und zu sehen, daß eine riesige Staudammanlage einwandfrei funktionierte. Da hätte er den Kondor in den Anden küssen mögen.

Nach einem Jahr Krankenhausaufenthalt und einer Rehabilitationskur wurde die Minderung seiner Erwerbsfähigkeit eingeschätzt. Für den Verlust des Geruchssinns habe er 10 Prozent angerechnet bekommen, 20 Prozent für die bleibenden Schäden seines Rückens und so fort. Jemand, der ein Auge verliere, bekäme laut gültiger Gliedertaxe 30 Prozent, der Verlust beider Augen mache 100 Prozent, ein Oberschenkel 70 Prozent aus. Aber Beschädigungen, deren Summe 100 Prozent übersteige, werden von keiner Versicherung weiter hochgerechnet.

Das Arbeitsamt rät zu Intelligenz- und Eignungstests. Peter Wojtek wird zum Hörgeräteakustiker umgeschult. Fristgerecht besteht er nach zweieinhalb Jahren die Prüfung und findet rund 80 km entfernt Arbeit. Seine Frau ist schwanger; er pendelt. Es gefällt ihm, mit den alten Leuten zu reden, er prüft ihre Schwerhörigkeit im Hoch- oder Tieftonbereich, sucht ihnen die passenden Hörgeräte heraus, freut sich, wenn sie wieder hören können, und wartet schon auf das Entsetzen manchen Greises über die neuerweckte Stimme der einst so leisen Gattin. Als sein Betrieb mit einem anderen fusioniert, fällt er den Rationalisierungsmaßnahmen zum Opfer. Landesweit ist der Bedarf an Hörgeräteakustikern nicht sehr groß, und wenn, suchen Chefs keine späten Seiteneinsteiger.

Er schult nochmals um, diesmal zum Reiseverkehrskaufmann. Seine Sprachkenntnisse sollen ihm zugute kommen und die Tatsache, daß er gerne mit Leuten spricht. Als seine Ehe zerbricht, zieht er zu seinem Vater, den er bis zu dessen Tod versorgt. 1990 lernt er eine Altenpflegerin kennen, die er heute, auch wenn sie nicht verheiratet sind, seine Frau nennt. Als das Reisebüro der Volksbank, in dem er Arbeit findet, wieder abgestoßen wird, ist er 43 Jahre alt. Jetzt weiß er, daß ihm ziemlich schnell etwas einfallen sollte.

Eltern, deren Kinder quengeln, haben nicht die Muße, sich für Ferien zu entscheiden. Sie geben dem Druck der Kleinen nach und verlassen das Reisebüro wieder, noch bevor sie in den schönen Sog von Verheißungen geraten können. Dabei haben gerade Eltern von kleinen Kindern Ferien nötig und kleine Kinder das Recht auf entspannte Eltern. Peter Wojtek macht nicht das erste Reisebüro in Bottrop auf, auch nicht das erste Billigreisebüro, aber das erste »familienfreundliche Reisestudio«.

Die GIB läßt sein Projekt testen, finanziert einen Unternehmensberater und verhilft zu einem Kleinkredit von 40 000 Mark. Das Arbeitsamt bezahlt ihm, wie allen aussichtsreichen Existenzgründern, ein halbes Jahr lang Überbrückungsgeld. Am Eingang der Fußgängerzone, da, wo die Mieten noch billig und Parkplätze vorhanden sind, mietet er, zwischen einer italienischen Weinhandlung, einer griechischen Änderungsschneiderei und einem Pornoshop, ein altes Photoatelier, renoviert es mit seiner Frau und leistet sich eine minimalistische Einrichtung. Den hinteren der zwei Räume gestaltet er als Wohnzimmer mit einer Spielecke für Kleinkinder und einem Videogerät, über das er »Urmel aus dem Eis« oder »Jim Knopf und Lukas der Lokomotivführer« laufen lassen kann, während er den Eltern Kataloge wie exotische Blüten aufblättert.

Peter Wojteks Kapital ist seine Zeit. Er will wissen, was seine Kunden suchen und dann telephoniert er herum, bis er es hat. Ob eine Familie denn wirklich 6000 Mark für eine Woche Dominikanische Republik ausgeben wolle, oder ob es nicht Malta oder Sizilien auch täten? Er sage dann nie: »Sie haben das Geld doch nicht«, sondern gäbe nur zu bedenken, daß das Preis-Leistungs-Verhältnis vielleicht nicht ganz stimme. Manchmal gibt er den Rat, die Kinder zwei Tage aus der Schule zu nehmen, dann rutsche die Familie doch terminlich gleich in eine andere Preiskategorie.

Sein Service hat sich schnell herumgesprochen. Auch bei Singles, die es nicht stören muß, wenn ein paar Legosteine auf dem Boden liegen. Wojtek organisiert den Ausflug des Kegelvereins und die Regeneration zweier Faschingsveteranen, die genau am Aschermittwoch dringend zwei Einzelzimmer in Gran Canaria brau-

chen. Wenn jemand so etwas noch in letzter Minute hinbekommt, dann er.
Die großen Reiseveranstalter, mit denen Peter Wojtek zusammenarbeitet, geben ihm pro Abschluß eine Provision von 8–10 Prozent. Er muß im ersten Jahr mindestens 700 000 Mark umsetzen. Von den knapp 6000 Mark monatlichen Bruttoeinkommens, das er daraus bezieht, bleiben ihm netto etwa 2500 Mark. Er werde nicht reich, das wisse er. Aber er habe immer darauf geachtet, ein gewisses Niveau zu halten. Er kennt alte Kollegen, die säubern städtische Gräben.
Peter Wojtek setzt nicht, wie die Reisebüros in der Fußgängerzone, Millionen um. Aber seine Arbeit gefällt ihm, und zwar genau so, wie er sie macht. Er bietet eine Atmosphäre an, die er letztlich selbst genießt. In seinem Reisebüro leistet er auch Stadtteilarbeit. Die Leute sitzen bei ihm, weil sie sich heute noch nichts erzählt haben. Nun gut. Aber irgendeiner plant dann doch eine Reise oder bringt einen mit, der wegfahren will. Manchmal kommt nur jemand vorbei und trägt ihm etwas zur Post, oder der Alte vom Pornoshop schenkt ihm seine neue CD-Rom, als Dank fürs Schneeschippen. Oder ein Kumpel, der Drucker, legt ihm Papier auf den Tisch, weil er's übrig hat. Und gegen Abend ruft ein Kollege aus Gelsenkirchen an und möchte sich vergewissern, daß auch bei Wojtek in Bottrop das Geschäft heute ganz flau war. Dann spürt Wojtek ein seltsam wärmendes Unterfutter seiner Existenz.

*

Frau Sandi hat den Sinn für die Protea nach Bottrop gebracht. Astern kann jede Tankstelle verkaufen oder diese in Cellophan gewickelten Büschel der unverwüstlichen Bündchennelken. Die Calla Mango aber und Black Beauty, die schwarze Rose, und den Armvoll Sonnenblumen aus Südafrika mitten im Winter, den wird man hier schon suchen müssen, wo die Häuser aus dunkel gebranntem Backstein sind oder braungrau eingefärbt, in jenen Schmutznuancen aus altem Anstrich und altem Ruß.

Wenn Jutta Sandi schlichte Primeln anbietet, werden sie zunächst aufgearbeitet. Umgetopft und mit einer Schleife ausgestattet, sehen sie dann nach etwas aus. Frau Sandi setzt darauf, daß ihre Kunden bei ihr anderes erwarten dürfen. Wenn man Blumen verkaufen will, muß man entweder sehr billig sein oder sehr gut. Und so billig wie Aldi, der ganze Gewächshäuser aufkauft, kann sie nicht sein. Also bringt sie Qualität. Als frische Gebinde oder Trockenarrangements sind ihre Blumen Handarbeit und Kunst. Nach genauem Nachdenken hat sie ihren ersten eigenen Laden »Art Floral« genannt. Auch »Distel« war erwogen worden, nach der Blüte, deren Schönheit mit Widerstand verbunden ist.

Frau Sandi drappiert nach individuellen Kundenvorstellungen: üppig, spielerisch oder streng, für einen Platz in der Zimmerecke oder ausgesetzt auf der Breitseite eines Büffets. Auf jenem ihr überlassenen flaschengrünen Glasteller etwa soll sich ein Tischschmuck in Bordeauxtönen erheben. Frau Sandi zieht von der Decke die Flüssigkunststoffpistole, plaziert eine Halterung in der Tellermitte, schiebt den Trockensteckschwamm darauf und umwickelt ihn mit Moos. Dann köpft sie einen Strauß Papierrosen.

Heute ist Jutta Sandi 40 Jahre alt. Nach der Schule hatte sie Dekorateurin werden wollen; ein Berufszweig, der in Bottrop eher schwach vertreten ist. Eine Eignungsprüfung und der Blick auf den Lehrstellenmarkt legten ihr nahe, Floristin zu werden. Sie arbeitete als Lehrmädchen, als Angestellte und durfte nach einer Zusatzprüfung schließlich selbst Floristinnen ausbilden.

Die Hochzeit mit einem tunesischen Polier brachte sie nach Ägypten. Wenn sie von der Zeit in Alexandria, Port Said und Kairo erzählt, zittern ihre roten Ohrgehänge unter dem exakt geschnittenen kurzen Haar. Wieder in Bottrop, war die Mutter zweier Kinder zunächst arbeitslos oder arbeitete hin und wieder auf der steuerfreien 590-Mark-Basis in Blumengeschäften. Sie empfand ein starkes Mißverhältnis zwischen ihrem engagierten Arbeitseinsatz, der Bezahlung und ihrer Abhängigkeit. Über Jahre wuchs der Gedanke an einen eigenen Blumenladen. Wenn du, sagte sie sich, noch einmal richtig anfängst, dann machst du das für dich allein. Und für keinen Chef. Sie ließ sich bei der GIB beraten, erhielt einen Frauenförderungskredit von 50 000 Mark, für den ihr Mann bürgen mußte.
Sie knipst Blütenzweige aus papiernen Schneeballen und dreht sie an einen goldenen Draht. Aus dem Laden kommen Verkaufsgeräusche. Jutta Sandi beschäftigt als frische Existenzgründerin eine Ganztagsfloristin und eine Aushilfskraft. Wenn schon, habe sie optimistisch gedacht, dann traue sie sich auch ein großes Geschäft zu; später wieder umziehen wollte sie nicht. Allein ihre Ladenmiete liegt bei 4000 Mark. Die 1200 Mark, die sie laut Unternehmenskalkulation pro Tag umsetzen muß, erreicht sie nicht nur mit Sträußen oder Trockengestecken, die geringe Materialkosten erfordern, aber zeitintensiv sind, und auch nicht allein mit Extravaganzen wie den 100 schnittfrischen Schneeglöckchen zum Geburtstag einer Lieblingsfreundin oder jenem überdimensionalen Rosenbouquet, das ein Kunde verwirrt am Morgen bestellte, nachdem er die Nacht nicht zu Hause verbracht hatte. Jutta Sandi schmückt das kleine Leben, aber sie dekoriert auch in Messehallen, beschickt Restaurants mit Weihnachtsstimmung oder Hochzeiten mit cremigem Weiß und frischem Grün.
Jeden zweiten Tag geht sie morgens um 3 Uhr auf den

Großmarkt in Düsseldorf. Wenn sie zurückkommt, ist es gerade Zeit, die Kinder für die Schule fertig zu machen. Um 9 Uhr schließt sie den Laden auf und arbeitet dort bis 14 oder 15 Uhr. Dazwischen organisiert sie am Telephon, was die Oma zum Mittagessen auftauen soll. Dienstags arbeitet sie bis Ladenschluß, da hat die Floristin frei. Abends bereitet sie Bestellungen vor. Montags ist sie gegen 20 Uhr in Oberhausen, da gibt es frische Blumen aus dem holländischen Aalsmeer und aus Straelen, direkt von der Blumenversteigerung. Als durchschnittliches Schlafpensum gibt Frau Sandi vier bis sechs Stunden pro Tag an.

Kurzstielige rote Beeren laufen durch ihre Finger, und schon hängen sie am Draht neben den Schneeballgirlanden. Sie ist erst am Anfang und akzeptiert, daß sie noch nicht von ihrer Arbeit leben kann. Aber so, wie der Laden im Viertel angenommen worden sei, denke sie, daß sie es schaffen werde. Viele Kunden kämen, weil sie sich hier wohl fühlten. Sie streiften durch die Dekoration, erwägten den Kauf eines Strohteddybären, einer Ton-Ente oder einer Topfhortensie. Aber oft sei dies ein Vorwand, um unter die Leute zu kommen. Nun wird das Moos mit den angedrahteten Blüten garniert, dann korrigiert Frau Sandi die Haltung der gesteckten Papierrosen und richtet das Arrangement so aus, bis es, wie sie sagt, gut auf dem Tisch stehen kann und »von allen Seiten ansichtbar« ist.

*

Kunst verkaufen, sagt Christoph Schmidtke, das ist Verpackung verkaufen. Das klinge zynisch, aber langsam seien sie bereit, das zu lernen. Schwarz sitzt er auf dem Sofa seines winzigen Apartments in Recklinghausen, das zugleich sein Wohnraum und der Sitz der Agentur »Klang und Körper« ist. Sein Partner Michael

Mikolaschek sitzt schwarz neben ihm und nickt. Zwei Männer schauen synchron durch vier Brillengläser geradeaus. Auch wortlos sind sie sich einig. Sie wissen, daß sie gut sind und setzen darauf, ihre Qualität auch einmal bezahlt zu bekommen. Gestern haben sie wieder etwas dazugelernt. Sie besuchten Freunde, die eine Event- und Marketingfirma in Köln betreiben, und kamen gleichermaßen erheitert wie irritiert zurück. Bei dem, was die dort machen, erkannten sie, ist der Inhalt völlig egal. Diese Leute verkauften Verpackung. Albernste, langweiligste Musik wurde dort ungeheuer edel angeboten und teuer verkauft. Bei allem heiligen Ernst, mit dem sie ihre Kunst betrieben, etwas würden sie von den Kölner Freunden doch abschauen.

Christoph Schmidtke, 30, hat schon als 15jähriger auf der Schulbühne gestanden; während seines Studiums der Theaterwissenschaften in Bochum spielte er in Köln und an verschiedenen Kleinbühnen. Er war Statist bei den Ruhrfestspielen, arbeitet immer wieder mit freien Ensembles. Als er sich auf die Schauspielschule vorbereitete, merkte er, daß er so nicht arbeiten wollte. Ein seltsamer Stachel der Freiheit machte ihn empfindlich gegen geregelte Arbeitszeiten, lähmende Verwaltungsarbeit, Abhängigkeit von Institutionen. Außerdem wollte er früh seine eigenen Texte vortragen.

Während dieser Zeit studierte Michael Mikolaschek, heute 35, Klavier und Kontrabaß an der Folkwangschule in Essen und in Dortmund und reiste als Kontrabassist mit verschiedenen Orchestern. Neben der klassischen Musik interessierten ihn zunehmend Jazz und Salsa. Er beginnt zu komponieren; sein Geld verdient er mit Unterricht an der Musikschule. Eines Tages wird er auf einen Zettel am Schwarzen Brett aufmerksam: Texter sucht Musiker. Man trifft sich. Es war, sagt Christoph, Liebe auf den ersten Blick. Sie treten sofort zusammen auf, improvisieren und arbeiten dann konzentriert aufeinander bezogen. Sie sind jung, und sie leben in ihrer Kunst. Um die Miete zu bezahlen, arbeitet Christoph als Ghostwriter für prominente Fernsehshows. Er beobachtet aber, daß es ihn zunehmend in seiner eigenen Arbeit behindert, wenn er möglichst harte Gags produzieren soll. Er empfindet es wie eine Seuche im Kopf. Christoph wiederum beobachtet mit Zweifeln etwas ältere Kollegen, die in ganz Europa herumfahren und versuchen, eine feste Anstellung als Orchestermusiker zu bekommen. Er aber will nicht mehr Probespielen, er will keine Prüfungen mehr machen, um dann, wenn wirklich alles ganz gut geht, in einem B-Orchester unterzukommen und sich glücklich zu schätzen, wenn er maximal 3500 bis 4000 Mark brutto im Monat verdient.

Und beiden fällt auf den großen und kleinen Bühnen noch etwas anderes auf. Es sind nicht immer die besten Künstler, die Erfolg haben. Vielmehr sehen sie, daß hervorragende Schauspieler, Musiker, Tänzer elendig scheitern, nur weil sie ganz unfähig sind, sich zu verkaufen. Aus dieser Erkenntnis ziehen sie Konsequenzen.

»Klang und Körper« ist nach gut einem Jahr eine Agentur, die sich zum einen finanziell trägt, zum andern eine gleichermaßen gute Adresse für Veranstalter wie für auftrittswillige Künstler ist. Sie bietet vom Pantomimen bis zum Kammerorchester alles, was eine Firma braucht, die ein Jubiläum feiern möchte, oder eine Ruhrgebietsstadt, die einen Kultursommer gestalten soll.

Die Agentur nimmt vom Veranstalter eine Vermittlungsgebühr, oder sie trägt die Gesamtorganisation mit Fixetat und rechnet dann ab. Mit »Klang und Körper« vermitteln sich die beiden aber auch selbst. Denn wenn er, sagt Christoph Schmidtke, offiziell über die Agentur den Kontrabassisten Michael Mikolaschek als hervorragend anbiete, glaube man ihm das. Wenn sich Michael aber selber anbiete, glaube man das seltsamerweise nicht unbedingt. Michael nickt, denn umgekehrt gilt dasselbe.

Texter Christoph, der mit der Agentur im Wohnzimmer lebt, trennt Privatleben und Arbeit nicht mehr. Er bezahlt für sein Appartment 520 Mark warm, das heißt, mit 1200 Mark im Monat kommt er aus. Michael wohnt mit seiner Frau, einer arbeitslosen Lehrerin, und dem zweijährigen Sohn auf 102 qm; er bezahlt 1300 Mark Miete warm und braucht im Monat etwa 3000 Mark. Morgens bringt er gegen 8.30 Uhr das Kind in die Kindertagesstätte, den Rest des Vormittags telephoniert er, verhandelt mit Veranstaltern, bereitet Auftritte nach, beschäftigt sich mit Management und Verwaltung, spricht mit der Steuerberaterin ein Wort. Nachmittags gibt er Klavierunterricht. Danach ist Zeit zum Üben. Abends sind Aufführungen oder Proben. Es gibt Stücke, die komponiert Michael für ein Trio, und wenn die Gage nicht reicht, spielt er sie auch alleine.

Christoph fängt seinen Tag später an, er organisiert und textet und probt, und wenn es schlimmt kommt, wenn er die kalte Hand im Rücken spürt, erwägt er wieder, fürs Fernsehen zu schreiben. Die Agentur ist ihr Spielbein, ein Instrument, das ihnen und anderen guten Künstlern nützlich sein soll. Sie hat die Tendenz, zum Standbein zu werden. Manchmal können sich die beiden ein Gehalt auszahlen, und sie leisten sich bereits freie Mitarbeiter.

Christoph und Michael haben jetzt ihre erste CD herausgebracht, beim Musikverlag ihrer Wahl, der auch Georg Kreisler verlegt. Christoph spricht seine Texte, und Michael spielt seine Kompositionen, die sich an Mozart oder Eric Satie anlehnen können oder so frei sind, wie er es will. Die Stücke heißen »füchse in flieder«, »könig der sieben tage«, »über menschen« oder auch »traum eines brillenfachverkäufers«. Wenn sie sie charakterisieren sollten, würden sie sagen, daß es Alltagsmärchen sind.

*

Der Piranha im Untergeschoß der Römerstraße 72 in Castrop-Rauxel hat eine Spannweite von 7 Metern und ist 2,25 Meter lang. Da er kein Gestänge hat, läßt er sich in eine unauffällige Tasche verpacken. Alleine bekommt ihn kein Mensch in die Luft, dazu braucht es mindestens drei Starthelfer. In ihm stecken nicht nur 65 qm Spinnakerstoff, sondern auch 50 bis 60 Stunden Arbeit. Mit dieser einverleibten Energie steht er am Himmel, ein fragiler Körper, dem der Wind vom Schwanz her durch die eingenähten Rippen fährt und zu den fletschenden Zähnen wieder herauskommt. Er hängt an 60 Schnüren, die in einem Punkt zusammenlaufen. Klaus-Dieter Oneschko hat ihn entworfen, seine Konturen auf 120 Papierschablonen gezeichnet, dann den Stoff heiß zugeschnitten und vernäht. Herrn Oneschkos Werkstattisch ähnelt einer Tischtennisplatte, an den Wänden hängen Schnittbögen wie bei einer Schneiderin. Den Wert des Piranha gibt er mit 17000 Mark an. Damit kostet das Tier soviel wie eine der im Ruhrgebiet geschätzten Spitzen-Brieftauben. Aber so einen Drachen verkauft man nicht.
Herr Oneschko handelt mit Drachen, die bei etwa 500 Mark anfangen und in der unteren Oberklasse dann bis zu 5000 Mark kosten. Neben den Einleinern, zu denen der Piranha gehört, baut er Trickflugdrachen, meist Zweileiner, die Quadrate, Achter oder Loopings fliegen können, oder riesige Windspiele, die über Wiesen rollen oder Fähren, die an einer Drachenschnur hochflitzen und oben einen Kontakt auslösen, worauf ein Teddybär Bonbons abwirft, oder ähnliches. Von manchen

Drachen kann man sich durch die Wüste ziehen lassen oder auch nur – mit einem Steiger-Arschleder unter dem Hintern – über Castrop-Rauxeler Felder. Manche ökologisch bewußte Angler segeln mit Drachen auf den See hinaus; flaut der Wind ab, rudern sie eben zurück. Herr Oneschko bereist internationale Drachenmessen und die saisonalen Drachenfeste. Er ist Mitglied der Castrop-Rauxeler »Windpiraten«; ein Drachenverein mit immerhin 45 Mitgliedern. Die Rathaushalle schmückt ein Oneschkoscher Drachen in den Stadtfarben.
Klaus-Dieter Oneschko hat es kommen sehen. Noch zu Zeiten, da er bei der Ruhrkohle als Maschinist beschäftigt war, hat er nachmittags, nach Schichtende, als Versicherungsvertreter auf Provisionsbasis gearbeitet. Als er wußte, wie das funktioniert, gründete er eine eigene kleine Versicherungsfirma. Die gibt es heute noch, auch wenn nun hauptsächlich andere dort arbeiten.
Als seine Position beim Bergbau nicht mehr zu halten war, hat er die Abfindung von 30 000 Mark genommen und ist zur GIB gegangen. Er sagte dort, Drachen seien seine Leidenschaft. Ein Unternehmensberater hat sich daraufhin nicht nur vier Tage lang seine Drachensammlung angesehen, sondern auch die ebenerdige kleine Ladenwerkstatt, die zu seiner Mietwohnung gehörte. Das Umfeld in dieser relativ toten Ecke von Castrop-Rauxel, wo es zwar einige Geschäfte gab, aber noch keine Spielwarenhandlung, durfte Hoffnungen auf Erfolg wecken. Im Gespräch erwies sich Existenzgründer Oneschko als einer jener Menschen, die auf eigenes Risiko oben bleiben wollen, sehr flexibel sind und sich Arbeit eben erfinden.
Oneschko muß in seinem Laden gut 200 000 Mark im Jahr umsetzen. Also hat er Holzspielzeug in sein Sortiment aufgenommen. Zur Zeit baut er um. Und er hat einen Mitarbeiter angestellt, einen Schichtarbeiter der

Ruhrkohle, der es auch kommen sieht und der nach Feierabend gerne noch im Schutz des windtüchtigen Piranhas arbeitet.

*

Wie sehr das Ruhrgebiet um sein wirtschaftliches Überleben, und das heißt zwangsläufig um ein anderes Image kämpft, läßt sich daran ablesen, daß ausgerechnet in einer Eingemeindung Bottrops, auf der Gemarkung des ländlichen Kirchhellen, der »Movie World«-Vergnügungspark installiert wurde. Zwischen Juni und September kommen täglich 25 000 bis 30 000 Besucher in dieses »Hollywood in Germany«. Es gibt hier, wie bei Paris, die Paraden der Hollywoodgrößen, von Doubles durchgeführt, die Stuntman-Shows, das Achterbahnfahren durch computergesteuerte Welten der Kulissen und Illusionen. Aus Bottroper Sicht ist der Vergnügungspark ein enormer Arbeitsplatz; dort wird alles gesucht, vom Parkwächter bis zum Stimmenimitator. Diese Jobs sind saisonabhängig, unsicher und miserabel bezahlt.

Herr Tiemann hat diese und andere Parkanlagen mit aufgebaut. Er wohnt in Kirchhellen, in einem alten Bauernhaus hinter den Feldern. Und dies wäre der Ort für den anderen Film: Ein riesiges Kohlekraftwerk schickt aus seinen Schloten weißen Rauch, der waagerecht über den Kühltürmen abzieht. Unter seinem Himmel kommt vom Horizont der Felder eine junge Frau mit Kinderwagen den naßglänzenden Weg entlang. Vor dem Wagen springt ein kleiner Junge hin und her. Wollschafe heben eines nach dem andern die Köpfe und blöken in Terzen.

Hermann Tiemann, 43, hat Garten- und Landschaftsbau studiert und danach für verschiedene Großfirmen gearbeitet. Nach einer komplizierten Scheidung und dem Verlust des Sorgerechts für seine drei Kinder folgte der völlige körperliche Zusammenbruch. Die Ärzte diagnostizierten vieles und behandelten entsprechend wirr. Zum Jahreswechsel 1995/96 erfuhr seine damalige Freundin und jetzige Frau auf dem Krankenhausflur, daß er keine drei Monate mehr zu leben habe. Daraufhin brachte sie ihn auf eigene Verantwortung in eine Spezialklinik, wo sein Zustand stabilisiert werden konnte, und vertraute dort dem Rat einer Krankenschwester, die ihr sagte, sie solle den Mann jetzt nach Hause nehmen, der Rest sei psychisch. Daheim hatten beide Zeit nachzudenken.

In einem Büro habe sie ihren Mann nicht sehen können, sagt Frau Tiemann und schöpft Linsen als Löffelgericht in tiefe Teller, für sie sei er, so wie er mit Holz und Steinen umgehe, ein Künstler, der draußen arbeiten müsse. Er habe, kaut Herr Tiemann, einfach keine Lust mehr gehabt, quadratisch-praktische Garagenzufahrten für Großunternehmen zu pflastern.

Wenn Herr Tiemann einen Haufen alter Abbruchsteine findet, lädt er ihn schon mal auf. Er schätzt die Individualität der Steine, denn er kann die dunklen Brokken unterscheiden: den Tuffstein, dem man durch den Schlag die Richtung geben muß, in der er brechen soll, oder den Sandstein, der gemäß seiner Schichtstruktur platzen wird. Granit und Porphyr brechen wieder anders. Wenn er mit seinem Kipper durch die Neubausiedlungen fährt, muß er sich wundern. Eingangsbereiche sind Visitenkarten. Aber dort stimmt die Tritthöhe der Treppe nicht, da wurde nicht richtig verdichtet, deshalb hat das Pflaster Aufwerfungen. Und das daneben ist indiskutabel, eine scheußliche Lösung für die Verbindung einer Einfahrt mit dem angrenzenden Garten. Heute verkauft er seinen genauen Blick und seine rare Sorgfalt. Denn wer macht sich noch die Mühe, mit handgeschlagenen Natursteinen schuppen-

förmig zu pflastern oder Segmentbögen zu legen? Und wer mauert aus bruchrauhen Steinen Terrassen, die sich den natürlichen Verlaufsformen des Hangs anpassen?
Herr Tiemann lebt mit seiner Frau, zwei Kindern, einem Wellensittich, zwei Hunden, sieben Katzen (Anzahl schwankend), vier Flugenten, einem Truthahn, zwei Puten und 35 Brieftauben – die bisweilen Preise erfliegen, wenn sie die ersten sind, die, in Marseille ausgesetzt, wieder in Bottrop-Kirchhellen landen. In der Diskussion um das anzuschaffende Mastschwein hat sich bislang seine Frau durchgesetzt, die, den Charme des rosa Ferkels imaginierend, meint, das bekäme dann einen Namen und könnte folglich nicht mehr geschlachtet werden, da sei sie vor. Truthahn Heinrich hat noch jedes blutige Vorhaben überlebt. So lange tauscht Herr Tiemann eben mit dem Nachbarn Flugente gegen luftgetrockneten Schinken.
Die Familie hat einen großen Bauerngarten, wo Rittersporn und Ringelblumen zwischen den Tomaten blühen, und wo es Kartoffeln gibt und Kohl, Himbeeren und Birnen. Mit 3000 Mark netto im Monat kommen sie gut durch. Und das verdient er selbst in der Frostperiode. Herr Tiemann arbeitet mit einem ganztags angestellten Landwirtschaftsgehilfen, den er zum Mittagessen nach Hause nimmt. Aufträge hat er genug. Er hätte sich, sagt Frau Tiemann, schon früher selbständig machen sollen, und sie gibt den Männern mit der Kelle Linsensuppe nach, während ihr kleiner Sohn den Teller beiseite geschoben hat und am Küchentisch seine Schönschreibübungen beginnt.

*

Einmal im Monat treffen sie sich, die Abenteurer des Alltags, die den Spagat zwischen Selbstverwirklichung und Selbstausbeutung auszuhalten gewillt sind: die ehemalige Zahnarzthelferin, die ein Ladengeschäft »Stoffwiese« eröffnet; die einstige Parfümerieangestellte, die nun ein Kosmetikstudio in ihrer Wohnung betreibt, wo sie auch Dessous und Badebekleidung anbietet; die Personalsachbearbeiterin, die einen Krimibuchladen unterhält; der Installateur, der sich auf Schank- und Gastronomietechnik spezialisiert hat; der ehemalige Unternehmensberater, der mit einem freien Architekten Immobilien samt Versicherungen als Kapitalanlage anbietet. Die meisten Existenzgründungen scheitern in den ersten fünf Jahren; eine Frist, die keiner der Runde hinter sich hat.

In der Erfahrungsgruppe sehen sich Existenzgründer, die Einzelkämpfer sind, als Gemeinschaft. Zusammen diskutieren sie mit einem Rhetoriker (»Wie führe ich ein Kundengespräch?«) oder einem Finanzberater oder einem Bankier, der ihnen erklärt, warum Banken lieber einen Millionenkredit vergeben, an dem sie etwas verdienen, als die 50 000 Mark, die ein kleiner Existenzgründer nur braucht – und nur finanzieren kann. Hinterher steht man rauchend im Gang. Gute Gründer sind kommunikativ; wo sie auftauchen, schaffen sie sich einen Markt. Denn nun kann es sich ergeben, daß Herr Wojtek einen Geburtstagsflug für die Mutter der Kosmetikerin organisiert und Herr Tiemann gefragt wird, ob er nicht Regale für die »Stoffwiese« bauen könnte. Und der Immobilienmakler macht bestimmt noch ein gutes Angebot für die Altersversorgung der Gruppe.

Händler der verlorenen Farben

Die süddeutsche Provinz im Grenzgebiet von Baden-Württemberg und Bayern liegt in dichtem Schneetreiben. Vorbei an der weiß-grau-braunen Schraffur winterlicher Felder und Gehöfte zieht sich eine Autoschlange von Memmingen bis Wangen. Seit Aichstetten ist auch Dr. Kremer dabei. Im Kofferraum seines weißen Mercedes sind zwei Pappschachteln untergebracht. Dr. Georg Kremer, 43 Jahre alt, ist Drogist, ein auf Farben spezialisierter Drogist. Nach gelassener Selbsteinschätzung verdankt er seine berufliche Existenz dem Umstand, der Letzte zu sein, der in dieser Art noch mit Farben handelt. Im Unterschied zu den großen Konzernen, die standardisierte Industriefarben produzieren, geht sein Interesse dahin, alte Farben nach vergessenen Rezepten wieder herzustellen oder wiederzufinden. Dr. Kremer recherchiert. Und er reist.

Er parkt seinen Wagen vor dem Zollamt Wangen und deklariert 30 Kilo eines Naturstoffs, den er in der Tschechoslowakei für 3000 Mark eingekauft hat. Im Schneetreiben blickt rätselnd ein Zöllner in die geöffneten Pappschachteln und drückt vorsichtig den Finger in eine unter Plastik weich nachgebende Masse. »Grüne böhmische Erde«, sagt Dr. Kremer und lächelt. Beide wissen, daß die Einfuhr von Naturstoffen zollfrei ist. »Damit können Sie Wände anstreichen.« Dr. Kremer macht eine auf- und niederfahrende Handbewegung durch die Schneeflocken. Der Zöllner schaut in die Luft und nickt. Dann wischt er sich den Schnee aus dem Gesicht.

Das, was da eingetütet wie Dreck aussieht, wie Lehm, undefinierbar wie nasser, grünlicher Sand, ist ein Farbpigment. Es ist das kostbare Endprodukt eines Reinigungsprozesses, dem grüne, in Böhmen gegrabene Erde unterzogen wurde. Der Abstand zwischen beiden Stoffen, der Erde und der Farbe, läßt sich in einer Abfolge von Arbeitsvorgängen ausdrücken: Graben, Trocknen, Mahlen, Schlemmen, Trocknen, Mahlen. Naturstoffhandel ist ein weites Feld, zumal für einen Diplomchemiker, der auch Alchimist ist und mit einigen Verwandlungen vertraut.
Dr. Kremer steigt in den weißen Mercedes und fährt die »Grüne böhmische Erde« nach Hause. Dort wird er ihre Schönheit ausprobieren lassen, in Aufstrichen mit Wasser und Aufstrichen mit Öl.
Bevor einer anfängt zu malen, braucht er drei Dinge. Einmal etwas, worauf er malt: den Malgrund. Dann etwas, das die Fähigkeit besitzt, Farbigkeit zu übertragen: das sind meist kleine Pigmentteilchen, auch Farbmittel genannt. Drittens braucht er etwas, das die Farbteilchen untereinander und mit dem Malgrund verbindet. Etwas, das klebt. Das ist das Bindemittel. Malgrund, Farbmittel und Bindemittel sind die profane Voraussetzung für die gemalte Kunst. Wenn einer alte Bilder restauriert, bunte Statuen oder Möbel oder Instrumente baut oder nachbaut, sollte er sich auskennen mit den Grundkomponenten der Malerei. Er muß wissen, auf welcher Grundierung er Blattgold auftragen kann und welche Lacke sich mit welchen Hölzern vertragen. Und weil diese Probleme sehr speziell sein können, je nach Beschaffenheit der Gegenstände, ihrem Alter und ihrer Herkunft, muß er wissen, wo er sich kundig machen kann. Und wenn er dann weiß, was er will, braucht er jemanden, der es ihm beschafft.

*

Im Augenblick sucht Dr. Kremer die Beenwurzel oder Behenwurzel, die Radix Moringae jedenfalls. In seiner Farbmühle in Aichstetten stehen 12 Telephone, bereit für Kunden, die der Chemiker weltweit mit Rat bedient und die er nutzt, um sich Rat zu holen. Er entschuldigt sich, er müsse kurz anrufen: grüßt holländisch in den Höhrer und hat kein Glück. Auch unter der nächsten Nummer ist die Pflanze nicht bekannt. »Sie ist historisch belegt«, skandiert der Drogist. Ein Herr Hase in Hamburg erinnert sich schließlich ihres Namens. Wahrscheinlich kommt sie aus dem Sudan. Dr. Kremer schickt ein Fax nach Belgien. Seine Anlaufstellen sind internationale Drogenhändler, die mit pflanzlichen und tierischen Rohstoffen handeln.

Und was hat es mit dem dringend gesuchten Kraut auf sich? Verspricht es Weisheit und ewiges Leben? Färbt es in nie gesehener Weise schön? Der Chemiker zuckt mit den Schultern. Es gebe da einen Geigenbauer, für den sei die Radix Moringae die Blaue Blume der Geigenlasur.

Dr. Kremer ist optimistisch. Heute war er schon erfolgreich auf einem heiklen Gebiet. Es ging um die Antlitze von Cherubim und Seraphim. Neben dem Kölner Dom mit den alten Glasfenstern steht die Kölner Dombauhütte. Dort überlegen Denkmalpfleger, die die schadhaften Glasmalereien ausbessern, was sie mit den hautfarbenen Partien machen sollen. Sie wissen, daß es noch im 19. Jahrhundert eine Glasfarbe gab, benannt nach einem Glasmaler der Renaissance »Jean Cousin«. Für seine Fleischtöne war er berühmt. Heute ist die Farbe historisch – vergessen und unbedeutend. Niemand hat sie auf Lager. Die schadhaften Wangen von Engeln auf Glas sind nicht marktrelevant. Dr. Kremer hat also mit einem Großkonzern verhandelt: »Der macht alles, Bankgeschäfte, Minen, Druckereien, Pharmazie, auch Gläser.« Der macht auch »Jean Cousin« –

auf Anfrage und bei Mindestabnahme von zwei Kilo, das Kilo zu 10 500 Mark. Alles weitere ist eine Frage von Telephonaten.
Die Denkmalpfleger werden mit den Stadtvätern verhandeln müssen; ein Kilo »Jean Cousin« muß neu einkalkuliert werden. Das verbleibende Kilo würde Dr. Kremer in kleinen Mengen über die nächsten Jahre hin anbieten. Für alle Restauratoren, die es mit alten Glasfenstern zu tun haben, wäre er dann die einzige Adresse für diesen einzigartigen historischen Farbton. Und die Restauratoren würden – über heiligen Stirnen sitzend – ihre Pinsel tauchen in Döschen mit der Aufschrift: »Jean Cousin. Kremer Pigmente«.
Dr. Kremer hatte schon immer eine eigene Firma haben wollen. Und was macht einer mit einem Chemiestudium, wenn er selbständig arbeiten möchte, weder dirigiert vom universitären Betrieb noch von den Strategien der Industrie. Da gab es die Idee mit einem Frostschutzmittel, aber das klappte nicht. Und dann brauchte ein Freund Smalte, dieses kalte dunkle Blau, für die Restaurierung einer Kirchendecke. Ausgerechnet Smalte! Kein Mensch stellte das damals her, 1974! Dabei ist das wirklich kein Hexenwerk. Ein Freundschaftsdienst, ein bißchen Kobaltsalz und Hitze. Was dann auf dem Küchentisch lag, war außer blauen Krümeln die Idee für eine neue Firma. Dr. Kremer hatte eine Lücke im Angebot für Maler und Restauratoren gefunden.
Er verbeugt sich leicht und schlägt den schwarzen Mantel zusammen; die Pelzhaare seiner russischen Mütze zittern. Wie beiläufig weist er auf die Schauwand des Großraumbüros. »Und das ist dann eigentlich schon alles.« In durchsichtigen Plastikdöschen zeigen hinter der rhythmischen Reihe weiterlaufender Etiketten »Kremer Pigmente – Kremer Pigmente – Kremer Pigmente« Pulver, Sande und Körner ihre je eigene

Farbe. Sie variieren auf hunderterlei Weisen. Hinter ihnen ticken die Computer. Jahresumsatz nach eigenen Angaben zwei Millionen Mark, elf Verkaufsstellen in neun deutschen Großstädten, eine in Paris, in Athen, in London. Eigene Läden in München, Stuttgart, New York. Sitz der Mutterfirma hier, in Aichstetten, am Ende der Welt. Das Großraumbüro atmet noch das Ambiente des unter ihm liegenden Pferdestalls, wo heute die Erden lagern, die weißen und schwarzen Farben, die Harze und Öle, die 25-, 50-, 80-Kilo-Säcke mit wer weiß welchen Giften und Göttern.

Leinölfirnis, Sonnenblumenöl, Mohnöl in Fässern; Bleiweißpaste in sieben Blecheimern; Säcke mit Manganschwarz und Rehbraun. Aus China silbriger Glimmer. Aus Peru Zinkoxide. Säcke mit Bleistiftton und Talg; Schiefermehl der Vereinigten Thüringischen Schiefergruben Unterloquitz; Glaubersalz, Bariumsulfat. Säcke mit roter Erde. Caput mortuum. Bleiweiß in Pulver. Kalk aus Blaubeuren und Ulmer Weiße Juraperle. Nettaler Tuffstein, Bimsmehle. Ocre Jaune, Satinober, französische Umbra natur und gebrannt, Siena natur und gebrannt. Dammer-Harz aus Indonesien; Holzkohle, Krapplack, Kolophonium im schwarzen Aluminiumfaß; Beinschwarz aus China im gelben Faß. – Beinschwarz? Es ist kalt im Lager, der Atem kondensiert. »Knochen«, sagt Dr. Kremer, »verkohlte Knochen. Vermutlich von Schweinen und dann von allem, was sich sonst nicht wehrt.« Amberger Gelb; Goldocker aus Spanien, Kreide aus Sarti; Pompejianischrot, Venezianischrot, Pozzuolo; Theatergrün. Synthetische Eisenoxide. Säurekasein von der Molkereigenossenschaft Lauingen; Champagnerkreide, Annaline, Carrara-Mehl, Kreide aus Bologna.

»Es gibt«, sagt Dr. Kremer und öffnet die Tür aus der Lagerhalle hinaus, »eine Grammatik der Farben mit eigenen, präzis bestimmbaren Wortfeldern. Und wie es verlorene Wörter gibt, gibt es verlorene Farben. Wenn ich sie wieder zugänglich mache, können wieder vollständige Sätze gesprochen werden.« Ein opalenes Muster von Schneepfützen zieht sich über den Hof hinüber zur Mühle. »Viele Farben sind für die Farbenindustrie ja deshalb uninteressant, weil sie sich nicht auf Industrienorm bringen lassen. Natürliche Mineralien etwa variieren mit der Witterung, mit der Zeit. Es ist unmöglich, größere Mengen zu bekommen, die wirklich qualitativ identisch sind. Diese Farben weichen immer ab.« Er schiebt die Mühlentür auf. »Und dies ist der Ansatzpunkt für meine Firma.«

*

Der Mann hinter der Tür hat aquamarinblaue Augen und trägt einen blauen Overall stramm über gut drei Pullover gezogen. Es ist feucht. Er hockt zwischen Spülbecken und Reibschüsseln auf einem Küchenstuhl, vor einem zweiten Küchenstuhl und bewegt dort die Hände in einer Schüssel blauen Wassers. Vor dem tiefen Fenster schwimmt eine Entenfamilie vorbei.
»Gregor Koch«, sagt Dr. Kremer mit einer leichten Verbeugung, als präsentiere er einen neuen Verwandlungstrick, »er macht unser Fra-Angelico-Blau.« Er macht wohl sonst noch allerhand. Es gluckert. Auf dem verkrusteten Vierplattenherd kocht, von der Gesamtheit der Heizscheiben befeuert, ein enormer Topf. Der Deckel ist knapp aufgelegt, so daß der Dampf gut entweichen kann. »Das wird Biester«, flüstert Dr. Kremer, »eine historische Tinte, mit der früher Bibeln geschrieben wurden. Wir gewinnen sie aus reiner Buchenholzschlacke.« Es riecht, als hätten wir uns an einer frischgeteerten Straße dicht vor einem offenen Kamin niedergelassen. Flach atmend schieben wir uns weiter.
»Das Fra-Angelico-Blau, das Pigment für das reinste

Ultramarin, machen wir aus dem Halbedelstein Lapislazuli. Die schönsten Steine sind aus Afghanistan. Früher war es ziemlich schwierig, sie zu bekommen; der Lapishandel wurde schnell zur Schmuggelgeschichte. Die Russen haben dann natürlich die Täler mit Lapislazulivorkommen zuletzt geräumt. Jetzt hat mich ein Engländer besucht. Er kam mit dem Zug, hatte nichts in der Hand. Er sagte, er treibe sich herum, so zwischen Pakistan und Afghanistan. Er handle. Schließlich behauptete er, er könne kristallines Lapislazuli anbieten. Zu Weihnachten kam ein Probepäckchen, allererste Ware.« Wir treten vorsichtig zwischen zwei Dutzend aufgestellte Wassereimerchen, die blaue Tönungen und Trübungen verschiedener Grade aufweisen. Aber hier regnet es nicht blau durchs Dach; hier schöpft der blaue Mann. Aus der Schüssel auf dem Küchenstuhl hebt sich sanft ein weißes Säckchen, das Gregor Koch vorsichtig knetet. Um den engen Raum wieder verlassen zu können, bewegen wir uns vorbei an einer roten Kaufmannswaage, dem schwedischen Großmixer und der alten Farbenwalze, die unverbrüchliche Vorkriegsqualität bezeugen. Der Firmeninhaber steigt, seinen Mantel raffend, über einen Wassereimer und bemerkt sanft: »Wir haben hier nicht eigentlich ein Labor.«

Die niedrige Kellerküche mit Blick auf den Fluß ist der einzige Ort in Europa, wo noch professionell Ultra- marin aus Lapislazuli hergestellt wird. Die nächste Adresse wäre Japan. In Dr. Kremers Bestellkatalog erscheint das von Gregor Koch hergestellte Pigment unter der Nummer 1053; der Kilopreis liegt derzeit bei 23 625 Mark.

*

Eine Holztreppe führt in den zweiten Stock der Mühle. In winzigen Zimmernischen packen Menschen farbige Puder und Sande ab. Sie sollen Mundschutz und Kopfbedeckung tragen. Beate wischt sich mit cadmiumroten Fingern übers Gesicht. Normalerweise arbeitet sie im Büro. Ein weißhaariger Greis wiegt Elfenbeinschwarz ab. Er ist deutschstämmiger Russe aus dem Kaukasus und lebt seit kurzem in Aichstetten. Achmed, Asylbewerber aus dem Sudan, steht neben ihm und knotet die 50-Gramm-Tüten zu. Jerry, Sergeant mit Vietnamerfahrung und Deutschlandkenntnissen aus verschiedenen Kasernen, wuchtet Kartons in den Aufzug. Thomas, ehemals Koch, hakt Bestellungen ab. Er organisiert den Versand. Auf einmal steigert sich das Tempo: ein Sack voller Läuse ist verschwunden. Alle machen weiter, was sie machen, und außerdem suchen sie noch die Läuse. Gregor Koch muß erscheinen. In der Firma gilt er als die Seele des Chaos. »Was für Läuse?« frage ich. »Cochenille«, sagt er, »die Anthroposophen färben damit rot.« Er macht ein unschuldiges Gesicht. Er war es nicht.
Im dritten Mühlenstock, über dem versammelten Bunt der Chemiefarben, lagern die Pflanzenfarben. Der Indigo und das Blauholz, Drachenblutkugeln mit Blattgoldsiegeln in Jutesäcken, Kamada, das giftige rote Farbharz, Krapp-Wurzeln und Krapplack-Stücke, Berberitzenwurzeln, Walnußschalen, Schüttgelb und Galläpfel, Bärlappsporen, Faulbaumrinde und die schwarzen trockenen Blüten der Malve. Aber der Sack mit den Läusen ist auch hier nicht.
Und nicht oben im Dachstuhl, der wie ein umgekehrtes Schiffsskelett die Mühle zudeckt. Hier ist Niemandsland und Trockenboden. Grüne Veroneser Erde liegt ausgebreitet auf Plastikfahnen. Diesmal noch pur,

nicht Pulver. Gregor Koch wird Arbeit damit haben. Auf Leinen hängen alte Betten, als könnten überraschend Schläfer kommen. Ein blasses Schaukelpferd hat im gläsernen Blick den Salon des 19. Jahrhunderts und schaukelt nicht mehr. Der letzte Farbendrogist öffnet ein Fenster und übersieht aus der Höhe das Anwesen. Bis ans Ende der Apfelwiese reicht sein Grund. Das sind anderthalb Hektar Land, davon 20 Ar Dächer.

Die Szene scheint gemalt. Verschneites Land, vom kleinen Fluß Aitrach durchflossen, das angebundene Floß, von dem die Kinder im Sommer ins fischreiche Wasser springen, die uralte Esche mit den Strickleitern und Baumhäusern, die Brücke über den Fluß, die alte Sägerei, in der der Bruder, der Maler, lebt, und noch dahinter der Schuppen, wo die vielfarbigen Marmorsande und -mehle lagern, Tür an Tür mit der Milchziege. Seine Mutter melkt das Tier. Die alte Dame wohnt in der Mühle, hinter den Pflanzenfarben verborgen. Wohn- und Arbeitsbereiche gehen ineinander über, die Waschmaschine gurgelt Wand an Wand mit dem Biester, Essensdüfte mischen sich mit einem Hauch von Lack, und die Goldfische im Kremerschen Bad schwimmen in der Fallinie über den blauen Lapiseimern. Im Zentum dieses Konglomerats arbeitet ein E-Werk aus den sechziger Jahren. Die Aitrach liefert den Kremers den Strom. Haus und E-Werk gehören der Frau, die Farbenfirma dem Mann, das hat alles seine schwäbisch ausgetüftelte Richtigkeit. Das Telephon in Dr. Kremers Manteltasche klingelt: Mittagessen.

Linsen und Spätzle, hungrige Kinder, und Hund Klara liegt unter dem Tisch. Der sechsjährige David hängt den Turnbeutel ans Schlüsselbrett neben die Plastikbehälter für die Zahnspangen, die zehnjährige Sibylle kaut schon und versucht, nicht an das Buch zu denken, das sie aus der Hand legen mußte. Teenager Gwendolyn ist noch auf der täglichen Heimreise vom Gymna-

sium aus Memmingen. Draußen hebt die Haushälterin ein Kleinkind in den Fahrradsitz und fährt davon. Frau Kremer führt einem rumänischen Mädchen einen Löffel Spätzle zum Mund, seine Eltern sind auf den Ämtern. Sophia mit ihrem Eisbären unterm Arm kommt herein und will etwas sagen. »Achmed«, sagt Frau Kremer, »muß morgen umziehen, er braucht den Anhänger.« Telephone klingeln und werden nicht gehört. Dr. Kremer ist aufgestanden. Er geht zum Wehr. Ein Zahnrad will nicht mehr richtig greifen. Die Sache muß repariert werden.
Da mache ich mich auf zum blauen Mann.

*

Es beginnt mit einem barocken Eisenmörser, einem schweren Stößel und kleinen harten Schlägen. Der Lapisstein zerbirst krachend. Die im Mörser zerkleinerten Stücke werden ausgelesen wie Erbsen. Die guten blauen ins Töpfchen, die weißen Kalkablagerungen und glänzenden Pyritsplitter in ein Glas. Würden sie mitgemahlen, ergäben sie grauen Staub, der das Blau trübt. Gregor Koch setzt einen Mundschutz auf und gibt die blauen Stücke in eine elektrische Steinmühle, die Pulverisette. Mit einer Fühllehre stellt er ihr Mahlwerk auf eine Dichte von einem halben Millimeter ein. Die Maschine beginnt, knirschend zu arbeiten. Es stinkt nach Schwefel und staubt. Das erste Mahlergebnis, ein blaugraues Granulat, wird wiederum ausgelesen. Im nun folgenden Mahlgang zerkleinert die Mühle auf 0,12 Millimeter. Dieses Pulver wird durch ein Rundsieb gestrichen. Was jetzt, bei einer Maschendichte von 0,08 Millimetern durchfällt, ist die Grundlage für den Pigmentbrei zur Ultramaringewinnung. Auch in diesem Pulver sind noch Kalk- und Pyritpartikel enthalten. Die fünfhundert Jahre alte Technik des Rezepts geht dahin, eine Masse anzusetzen, die die nichtblauen Stoffe bindet, die blauen aber ins Wasser abgibt. Gregor Koch nimmt für diesen Brei gewöhnlich Balsamterpentinöl und gebleichtes, erhitztes Bienenwachs. Ist die Qualität des Lapispulvers schlecht, kommt ein Straßburger Terpentin hinzu, gewonnen aus den Weißtannen der Vogesen. Unter Umständen ist das wasserlösliche Lärchenterpentin gut. Unter Umständen etwas anderes. Er zeigt auf ein handgeschriebenes Rezeptbuch: er hat einige Dinge ausprobiert. Und er wird den Teufel tun und alles sagen.

Der Pigmentbrei muß einen Tag ziehen und darf am Ende nicht zu fett sein. »Sonst gebe ich noch Pulver dazu, wie Mehl auf einen Hefeteig.« Das Ganze kommt dann in ein altes, nicht mehr fusselndes Leinensäckchen. Am Liebsten ist ihm die Weißwäsche der Jahrhundertwende. Das Säckchen wird zugebunden und dann in lauwarmem Wasser vorsichtig bewegt. Jetzt gibt es das Blau ab. Das erste blaue Wasser ist voller Öl und muß weggestellt werden. Das zweite ist das vielleicht schönste, das ergiebigste. Dann kommt das dritte, das vierte. Die Eimerchen am Boden mehren sich. Der blaue Mann planscht. Tagelang.

Am Anfang ist der Brei weich, dann wird er zäher, je weniger Lapisstaub und je mehr Kalk und Pyrit sich noch mit dem Wachs und Harz verbinden. Gibt das Säckchen kein Blau mehr ab, wird der Inhalt getrocknet und weiterverwendet zur Herstellung von Ultramarinasche. Das ist ein graublauer Farbton, der zur Grundierung dient. Nur als oberste Schicht, als letzten Glanz, wird der Maler den kostbaren Lapispinselstrich ziehen. Gregor Koch sieht über die Gesellschaft der Wassereimer. Ein Händler aus Italien hat angerufen; in drei Tagen will er fünfzig Gramm des seltenen Pigments, dazu drei Kilo Azurit und Smalte. Das sind die großen Blaus der Farbenküche. Er beginnt, das Wasser der ersten Eimerchen abzugießen, wo sich das Blau bereits als Bodensatz gesenkt hat. Es sind winzige Mengen. Von einem Kilo Stein bleiben am Ende manchmal nur zwanzig Gramm Pigment. Dieses nasse blaue Nichts wird er in einer Metallschale trocknen. Am liebsten wäre ihm jetzt die Sonne. Das getrocknete Pulver streicht er mit dem Pinsel durch ein Haarsieb, wiegt aus, füllt es in ein Gläschen und gibt es Thomas zum Versand. Wenige Stunden später ist »Fra-Angelico-Blau. Kremer Pigmente« mit dem Flugzeug auf dem Weg nach Florenz.

Ein Blick durch das Mikroskop entdeckt sofort das Geheimnis dieses teuren Blaus. Während ein Aufstrich des künstlichen Ultramarins eine blaue, dicht geschlossene Oberfläche aufweist, zeigt das echte Ultramarin ein reflektierendes Flimmerfeld. Als könne einer mit dem Sternenhimmel malen.

*

Unterdessen steht der Firmeninhaber Dr. Kremer am Wehr. Ein Schneewind fährt durch seinen Mantel. Es erfüllt ihn die bewegte Zufriedenheit eines Mannes, der noch etwas vorhat. Morgen etwa wird er wieder Elfenbeinschwarz machen, ja, er persönlich draußen im Garten. Eine Bestellung über fünf Kilo war gekommen. Es bleibt eine heikle Sache, auch wenn das Elfenbein, das er in den Ofen gibt, nur Abfall der Schmuckindustrie ist. Dieser Verbrennungsgeruch. Dr. Kremer setzt die eiserne Kurbel an, um das Wehr zu heben. Er denkt zunehmend in andere Richtung. Es sind die Erdfarben, die ihn mehr und mehr interessieren, diese alte Idee, aus Dreck und Steinen Farbe zu machen. Er stemmt sich gegen die Kurbel und dreht das Wehr langsam hoch. Das aufgewühlte Wasser beginnt hinterzuschießen.

Es gibt, das weiß er, massive Lücken im Rotbereich. Es muß einen roten Ocker geben, der um Größen intensiver ist als alles, was wir haben. Dr. Kremer denkt an Kleinasien, an Sinope in der nördlichen Türkei. Er hängt die Kurbel wieder aus und beobachtet den Wasserpegel. Einmal wird er dorthin fahren. Und dann holt er die rote Erde von Sinope.

Bis ins Mark

Ein Bild von rätselhafter Schönheit. Fliederfarben leuchten zwischen den roten Blutkörperchen und den Blutplättchen die Zelleiber der weißen Blutkörperchen mit den dunklen Kernen. Die Granulozyten sind stark vermehrt und erscheinen in den vielfältigen frühen Stadien ihrer Reifung. Ein letzter Blick durchs Mikroskop auf den gefärbten Blutausstrich bestätigt den Befund: Chronisch myeloische Leukämie; durchschnittliche Überlebenszeit drei Jahre.

Am Abend des 30. September 1986 wählt der 22jährige Jörg Bauer in einer öffentlichen Sprechzelle des Bundeswehrkrankenhauses Gießen die Nummer seines Elternhauses in Zennern, einem kleinen Ort im Kurhessischen Bergland zwischen Wabern und Fritzlar, und bringt ein Telephonat hinter sich, an dessen Wortlaut seine Mutter Rita Bauer sich noch nach Jahren genau erinnert. Jörg Bauer wird später nur wissen, immer wieder einen Satz wiederholt zu haben: »Ich schaffe das, ich schaffe das.« Am schlimmsten aber sei gewesen, die Sache dem Opa beizubringen; der alte Mann habe nur dagesessen und geweint.

Jörg Bauer war, als er von seiner Leukämieerkrankung erfuhr, Zeitsoldat in Rothwesten bei Kassel, verpflichtet auf vier Jahre. Und wahrscheinlich verdankt er diesem Umstand die frühe Diagnose; ein Arztbesuch kann einen halben Tag Urlaub bringen. Also ging er zum Doktor: wegen Nasenbluten.

Nicht ausgeprägtes militärisches Interesse hatte ihn zur

Bundeswehr geführt, vielmehr die schlichte Tatsache, daß Jugendliche in dem hessischen Landstrich, aus dem er kam, schlecht Arbeit finden. Jörg Bauer hatte in einer Kasseler Fachkonditorei gelernt. Zu Hause verwahrt er Polaroidphotographien vom Tag seiner Gesellenprüfung: Auf einem weißen Tafeltuch steht die mit geschlagenen Wiener Massen millimeterfein gefüllte Schichttorte, liegen schokoladeverzierte Florentiner, leuchten gespritzte Schwäne neben dunklen Mohrenköpfen aus Biskuitteig, aprikotiert und mit einer Eiweiß-Kakao-Zucker-Couverture überzogen.

Zu den schönsten Monaten im Leben von Jörg Bauer gehört ein Praktikum in einer berühmten Bad Wörishofener Konditorei, wo man noch Baumkuchen herstellte und handgemachte Pralinen. Aber in der hessischen Provinz, seiner Heimat, roch es bei Westwind nach den Produkten der ortsansässigen Sauerkrautfabrik, bei Ostwind nach dem verbrannten Zucker der nahen Raffinerie. Und die Leute dort brauchten Bäkker.

Bei der Bundeswehr leitete Jörg Bauer das Offizierscasino, machte den Lkw-Führerschein und hoffte, daß nach vier Jahren irgendwie die Zukunft begänne. Manchmal sprach der Vater, der zusammen mit der Mutter das Edeka-Geschäft von Zennern betrieb, davon, zusammen mit dem Sohn ein Café aufzumachen, für Jörg eine kostbare, heimliche Perspektive. Nun aber war die Zukunft akut; sie hieß Überleben.

*

Fünfhundert Kilometer entfernt im südlicheren Deutschland lebt Krankenpfleger Claus Fritz. Auch er ist gerade beim Militär, wo er seinen Pflichtdienst ableistet. Und da er als Soldat unter ständigem Geldmangel leidet, geht er regelmäßig zur Blutspende; so rettet er seine Wochenenden. Manchmal spendet er auch Thrombozyten oder Granulozyten; solch ein Aderlaß bringt stattliche 140 Mark. Der kostbare Saft geht in ein Labor nach Ulm, was Claus Fritz nicht weiter interessiert.

*

Jörg Bauer schläft nicht mehr. Die Nächte verbringt er rauchend und trinkend. Er wird vom Bundeswehrkrankenhaus Gießen in die Universitätsklinik nach Marburg geschickt. Man macht alle Untersuchungen noch einmal. Seine Milz ist stark vergrößert, er hat 25 000 weiße Blutkörperchen, im Krankenbericht ist von beginnender Akzeleration der Leukämie die Rede. Die Ärzte sagen ihm, daß er auf Dauer eine Überlebenschance nur habe, wenn ihm möglichst bald gesundes Knochenmark transplantiert werde. Vorläufig bekommt er zellwachstumshemmende Medikamente, Zytostatika, die die schlechten Blutwerte zumindest stabilisieren sollen. Die große Hoffnung, daß Jörgs jüngerer Bruder Karsten als Spender in Frage kommt, zerschlägt sich; auch im weiteren Verwandtenkreis hat niemand ein zu Jörg passendes Knochenmark.
In dem Maße, als Jörg akzeptiert, vielleicht nicht mehr lange zu leben, beginnt er, mit seiner Krankheit gelassener umzugehen. Die Zytostatika machen ihn müde. Er schläft oft zwölf Stunden am Tag. Von der Kompanie ist er beurlaubt. Er bastelt in seinem Zimmer herum, fährt mit dem Auto spazieren, manchmal joggt er. Er geht in die Disco, er tanzt nicht, er trinkt Kaffee, redet mit Freunden, schaut den Mädchen zu. Am 6. Dezember 1986 lernt er die 19jährige Schuhverkäuferin Nadja mit den hellen Locken kennen, »das Nadja«, wie er sagt. Am 12. Dezember gesteht er ihr seine Krankheit.

Aber das Nadja wußte schon Bescheid. Von diesem 12. Dezember her datieren beide ihr Zusammensein.
Jörg Bauers Milz wächst. Bald wölbt sie sich unter seinem T-Shirt, als sei er schwanger. Wöchentlich fährt er zur Blutkontrolle nach Marburg, neben ihm im sandfarbenen Golf sitzt Nadja, sie hören laut Musik, und manchmal vergessen sie, daß sie nicht in die Ferien fahren. Eines Tages wird in Marburg vorsichtig die Möglichkeit erwähnt, das Knochenmark eines nicht verwandten Spenders zu transplantieren. Die Universitätsklinik Tübingen hatte im Februar des Jahres als erste deutsche Klinik eine solche Knochenmarktransplantation, die Transfusion der blutbildenden Stammzellen, bei einem todkranken 10jährigen Mädchen gewagt. Auch für Jörg Bauer wird nun eine internationale Fremdspendersuche eingeleitet.

*

Im Frühling 1987 erhält Blutspender Claus Fritz einen persönlichen Anruf von Dr. med. Shraga F. Goldmann, Universität Ulm, Arbeitsbereich Transplantationsimmunologie. Claus Fritz horcht auf. Der Arzt bittet ihn, nochmals 100 ml Blut zu spenden. Claus Fritz erfährt von der Existenz eines an Leukämie erkrankten Patienten, für dessen Überleben Stammzellen aus dem Beckenknochen eines gesunden Spenders gesucht werden. Er, Claus Fritz, sei im Moment einer von weltweit fünf möglichen Spendern. Sein Blut habe bei dem lymphozytotoxischen Test mit Blutseren eine hohe genetische Übereinstimmung mit dem des Patienten gezeigt. Einfacher gesagt, bei Claus Fritz und Jörg Bauer sind die für die Immunabwehr zentralen Antigene identisch. Blutspender und Krankenpfleger Claus Fritz stimmt das auf schwäbisch »wunderfitzig«, »neugierig«, würde Jörg Bauer es nennen. In den folgenden Monaten erhält Claus Fritz wiederholt Post aus Ulm. Er gibt wiederholt Blutproben ab und unterschreibt wiederholt Einverständniserklärungen. Schließlich bleibt er als der passendste Spender übrig. Und doch gerät das Verfahren ins Stocken. Denn der letzte erforderliche Versuch, bei dem Lymphozyten beider im Reagenzglas vermischt werden, um zu erkunden, ob es zu Abstoßungsreaktionen kommt, sagt nichts aus, weil Jörg Bauer bereits auf seine eigenen Zellen autoimmun reagiert. Der Arztbrief aus Marburg konstatiert: »Die Möglichkeit einer Knochenmarktransplantation ist somit bei Herrn Bauer zum jetzigen Zeitpunkt nicht gegeben.« Unterdessen verfolgt Rita Bauer mit kriminalistischer Aufmerksamkeit den Zeitschriftenmarkt, den sie in ihrem Edeka-Laden verwaltet. Sie liest alles über Leukämiekranke und über neue Mittel, den Krebs zu besiegen. Ausgeschnittene Berichte über den transplantierten Opernsänger José Carreras klebt sie sorgfältig auf grauen Pappkarton: Hoffnungszeichen aus einer anderen Welt. Reinhard Bauer überläßt für einige Tage den Edeka-Laden seiner Frau. Er fährt mit dem Sohn nach Nizza; der Junge soll noch einmal etwas Schönes sehen.

*

Der menschliche Körper unterscheidet zwischen Selbst und Nicht-Selbst. Nur deshalb ist er in der Lage, die eindringenden Krankheitskeime abzuwehren und sich zu schützen. Auf diese Fähigkeit zur Unterscheidung ist das Immunsystem gegründet. Bei der Knochenmarktransplantation wird der paradoxe Zustand hervorgerufen, daß das »fremde« Knochenmark im Körper als das eigene funktionieren soll. Es hat die Aufgabe, lebensnotwendige Stammzellen für den Organismus zu bilden. Nun aber erinnern sich die gesunden Stammzellen an ihren ursprünglichen Körper und stoßen den

neuen, den Wirtskörper, zunächst ab. Wie stark die Reihe der Abstoßungsreaktionen ist, ob sie vom Körper überwunden wird oder nicht, hängt von der möglichst weitgehenden genetischen Übereinstimmung von Spender und Empfänger ab. Nur bei eineiigen Zwillingen gibt es keine Abstoßungsreaktionen.
Bei einer routinemäßigen Untersuchung in Marburg erfährt Jörg Bauer, daß es für ihn einen Spender gibt. Was aufgrund der serologischen Tests nicht möglich war, gelang endlich mittels einer komplizierten gentechnologischen Untersuchung: Jörg Bauer und Claus Fritz sind sich immunologisch so weit ähnlich, daß eine Knochenmarktransplantation gewagt werden kann.
Januar 1989, ein kalter Wintermorgen, Jörg und Nadja sind wieder unterwegs, und diesmal scheinen sie wirklich einen Ausflug zu machen: Es geht nach Tübingen, in das mittelalterliche Städtchen mit der modernen, in Transplantationsfragen führenden Universitätsklinik. Sie sitzen im Auto wie zwei, die ein Leben vor sich haben, sprechen von Kindern, spielen mit der Idee des Cafés. Jörg Bauer hat einen Gesprächstermin mit Dr. Ehninger, der ihn auch transplantieren würde. Diesen kalten Wintertag, der so hell, ja euphorisch beginnt, wird Jörg Bauer später als erste Höllenfahrt erinnern. Nadja, die nie von Jörgs Seite wich, muß auf der Toilette gewesen sein, als Jörg aufgerufen wurde. Sie setzt sich wieder allein in den Gang und wartet. Als Jörg aus einer der grüngrauen Türen herauskommt, schaut er sie an wie ein anderer. Beide gehen zum Auto. Jörg beginnt zu erzählen, und dann heult er wie ein Kind. Erst langsam setzt sich im Innenraum eines sandfarbenen Golfs für Nadja ein Bild zusammen. In wenigen Minuten hatte Jörg Bauer erfahren, daß er durch die Transplantation eine Überlebenschance von 20 Prozent habe. Er müsse mit dem Verlust seiner Zeugungsfähigkeit rechnen und damit, daß er mit verschiedenen Abstoßungsreaktionen

würde zu kämpfen haben. In der Regel würden sie sich als Entzündungen oder Geschwüre im Bereich von Haut, Leber und Darm einstellen. Sie könnten akut, das heißt vorübergehend sein, aber auch chronisch. Sie könnten einen tödlichen Verlauf nehmen. Das Krankheitsbild von Transplantierten, ahnt Jörg Bauer, kann dem von anderen Patienten mit einer Immunschwäche ähneln, etwa dem von Aids-Kranken. Die Gefahr, nach einigen Jahren an einem Krebs-Tumor zu erkranken, steige; auch die Leukämie könne wieder auftreten. Der 24jährige Jörg schaut das 22jährige Nadja an und schüttelt den Kopf. Zum erstenmal in den zwei Jahren, die sie zusammen sind, will er nicht mehr. Und vielleicht wäre Jörg Bauer bei seinem Nein geblieben und im selben Jahr gestorben, wäre die Hoffnung keine unbelehrbare Anarchistin.
Eines Nachmittags sitzen sie einem Mann gegenüber mit dem schönen Namen Dr. Unglaube. Der sieht gut aus, rührt im Kräutertee und lächelt. Jörg Bauer lächelt nicht. Dr. Unglaube war einer der ersten, dem in Tübingen Knochenmark eines nichtverwandten Spenders transplantiert wurde. Er war zuvor in einer Klinik in England gewesen. Dort aber hätten sie sich seine Unterlagen angeschaut und gesagt: »Nein, Sie transplantieren wir nicht, Sie verderben uns nur die Statistik.« Dr. Unglaube aber lebt. Er trinke keinen Alkohol, rauche nicht, betätige sich etwas sportlich. Es gehe ihm gut, er habe begonnen, wieder in seinem Beruf als Hals-Nasen-Ohren-Arzt zu arbeiten. Nun, er wolle nicht verschweigen, sehr schlimme Abstoßungsreaktionen gehabt zu haben. Jörg Bauer sieht zu Dr. Unglaube hinüber, der gelassen im Kräutertee rührt und dann zum Nadja, das seinen Blick erwidert.

*

In diesen Tagen ist Krankenpfleger Claus Fritz gerade seliger Vater einer Tochter Jennifer geworden. Zwischen Glückwunschkarten von den Kameraden aus Schützen- und Musikverein und denen seiner Jagdfreunde liegt wieder Post aus Ulm. Jetzt scheint es ernst zu werden. Als Claus Fritz wissen möchte, für wen er sein Knochenmark spendet, erhält er nur die Auskunft, es handele sich um einen Mann seines Alters.

Mitte März muß sich Jörg Bauer in Tübingen von Kopf bis Fuß untersuchen lassen. Wegen möglicher Infektionsgefahr zieht man ihm zwei nicht ganz intakte Zähne. Am 12. April fährt er nach Marburg, wo die mittlerweile sechs Kilogramm schwere Milz entfernt wird. Er weiß nichts von einem jungen Mann, der am selben Tag von der Schwäbischen Alb zur Untersuchung nach Tübingen fährt. Ein Spender muß gesund sein. Die Transplantation ist nun auf den 30. Mai 1989 festgelegt.

Am 22. Mai beginnt unter der Bezeichnung »Konditionierung« das, was den eigentlichen Eingriff in das Leben des Patienten darstellt: die möglichst völlige Zerstörung der blutbildenden Stammzellen des Knochenmarks.

Jörg Bauer wird in einen fensterlosen Raum geführt, den er aus militärischer Erfahrung »Strahlenbunker« nennt. Er ist mit mehreren Kitteln bekleidet und trägt einen Mundschutz. Er soll in einem dunkelbraunen Schalensitz Platz nehmen, einem Recaro-Sitz, wie der passionierte Autofahrer sofort sieht. Eine Assistentin schiebt eine großgerasterte Plexiglasscheibe vor ihn. Durch das Gitter wird er anvisiert und dann mit einer »Strahlenkanone« minutenlang bestrahlt. Danach wird der Sitz gewendet. Jörg Bauer erinnert sich an einen seltsamen metallischen Geruch, wie bei einer funkenschlagenden elektrischen Eisenbahn. Hinterher ist ihm übel. Aber neben ihm auf der Station liegt ein italienischer Junge, der dasselbe über sich ergehen lassen muß und der immer Hunger hat. Die drei folgenden Tage Chemotherapie setzen Jörg Bauer schlimmer zu. Nach der ersten Infusion ahnt er, was ihn erwartet. Er greift zum Telephon neben seinem Bett und meldet sich ab, von den Eltern, den Großeltern, auch vom Nadja. Er würde da jetzt durchgehen, ihm sei im Augenblick nicht zu helfen. Während der Infusionen laufen Sedativa mit in die Vene. Jörg Bauer spuckt Galle und Blut.

28. Mai 1989, Nachmittag. Familie Fritz trinkt Kaffee. Claus Fritz organisiert mit seiner Frau Brigitte, wie er am nächsten Tag nach Tübingen kommt. Er soll die Nacht vor der Knochenmarkentnahme in der Klinik sein. Säugling Jennifer hängt zahnend und sabbernd auf dem Schoß des Vaters und langt nach dem frischgebakkenen süßen Hefezopf mit Nußfüllung. Claus Fritz trägt einen Verband am Daumen. Beim Geschirrspülen hatte er sich in den Finger geschnitten. Die stark blutende Wunde mußte mit mehreren Stichen genäht werden – was, nach Tübingen gemeldet, für einige Aufregung sorgte. Dem Spender darf jetzt nichts mehr passieren.

29. Mai 1989. Jörg Bauer ist mehr tot als lebendig. Darin liegt seine Chance. Im Idealfall sind nach den sechs Tagen der Konditionierung alle Krebszellen beseitigt. Da er nun keine eigenen Abwehrkräfte mehr hat, kommt er in einen sterilen Raum, »Zelt« genannt. Wasser und Luft strömen hier durch Filter; künstlicher Überdruck weht eindringende Keime zurück. Die Kleidung zum Wechseln erhält er in Plastik eingeschweißt. In Herznähe trägt Jörg Bauer einen Katheter, der ihn über einen langen Schlauch mit einer Infusionspumpe verbindet. Das ist seine Nabelschnur zum Leben.

30. Mai 1989. Die Knochenmarkentnahme ist auf 8 Uhr anberaumt, verschiebt sich aber. Claus Fritz wartet

unleidig im siebten Bett eines 6-Bett-Zimmers auf den Eingriff. Der wird etwa eine Stunde dauern. Durch Punktionen im Bereich des hinteren Beckenkamms soll die erforderliche Menge von etwa einem Liter Blut-Knochenmark-Gemisch gesammelt werden. Um 14 Uhr wird Claus Fritz abgeholt. Er erhält eine Vollnarkose.

Der unwahrscheinliche Fall trat ein, daß Spender und Empfänger zur selben Zeit in derselben Klinik liegen. Der Spender wohnt meist weit entfernt. Normalerweise reist ein Arzt oder eine Krankenschwester an den Ort der Knochenmarkentnahme und holt den Beutel mit der roten Flüssigkeit persönlich ab. Und wenn ein Kurier von Tübingen in die USA fliegt, was vorkommt, warten Ärzte und Schwestern vor dem Zelt und hoffen, daß der Bote mit dem unauffälligen bruchsicheren Köfferchen im Handgepäck auch rechtzeitig lande.

30. Mai 1989, am Nachmittag. Nadja schiebt ihre Hand durch einen Plastikärmel, der in einen Gummihandschuh ausläuft und in das Innere von Jörgs Zelt führt. Er greift ihr entgegen. Sie sind guten Muts. Ein Arzt hat den Beutel, der aussieht wie eine Blutkonserve, an den Infusionshaken gehängt. Beide schauen auf den Schlauch. Erst fließt noch die klare Kochsalzlösung, dann beginnt die rote Flüssigkeit. Langsam bewegt sie sich durch den Schlauch auf den Katheter zu. Es ist das Knochenmark von Claus Fritz. Es fließt in die Vene von Jörg Bauer und sucht sich dann seinen Weg. Heute ist der Tag 0. Morgen wird der Tag 0+1 sein; übermorgen der Tag 0+2. Man wird auf den »take« warten, den Tag in etwa drei Wochen, an dem das Knochenmark angewachsen ist und seine blutbildende Arbeit aufnimmt. Von jetzt an wird Jörg Bauer die Blutgruppe von Claus Fritz haben.

Die Nacht auf den 31. Mai 1989. Jörg Bauer schläft.

Claus Fritz schläft nicht. Er hat leichte Nachblutungen und muß mit dem Becken auf Sandsäcken liegen. Das tut weh. Außerdem findet er es unhöflich, daß er in einem überfüllten Zimmer liegt. Ein bißchen Extraservice habe er als Knochenmarkspender schließlich verdient. Gegen Morgen muß er dann doch eingeschlafen sein. Denn als er die Vögel draußen hört, regen sich auch seine Lebensgeister: Krankenpfleger Claus Fritz ist »wunderfitzig«. Er will seinen Empfänger kennenlernen. Wenn man das Beste von sich hergibt, dann will man doch wissen, wo's hinkommt.

Was in den ersten Jahren der nichtverwandten Fremdspendertransplantation einmal möglich war, wird heute institutionell unterbunden. Mindestens ein Jahr lang bleiben Spender und Empfänger anonym. Der hauptsächliche Grund für diese Maßnahme liegt im gegenseitigen psychischen Schutz.

Vormittag, 31. Mai 1989. In der Transplantationsstation der Medizinischen Universitätsklinik Tübingen schlägt Jörg Bauer die Augen auf und nimmt hinter Plastik einen Hünen mit schwarzgelocktem Haar wahr. Claus Fritz sieht hinter Plastik den großen schmalen Körper eines Gleichaltrigen mit kahlem Kopf und den weichen Gesichtskonturen von Cortisonpatienten. Ihre Blicke treffen sich. »Hallo«, sagt der eine, »ich bin der Claus.« – »Jörg«, sagt der andere. Bevor sie sich gegenseitig versichern, daß es ihnen gut gehe, sagen sie eine Weile nichts.

*

Sechs Jahre später. Jörg Bauer lebt. Er ist heute 31 Jahre alt. Er hat chronische Abstoßungsreaktionen vor allem im Bereich der Mundschleimhaut, die sich ständig entzündet. Seine Tränendrüsen arbeiten nicht mehr, so muß er ein kleines Fläschchen mit künstlicher Tränen-

flüssigkeit mit sich führen, um seine Augen feucht zu halten. Er nimmt Medikamente, die seine Immunabwehr etwas unterdrücken. Die Abstoßungsreaktionen sollen damit in Grenzen gehalten werden. Das Nadja ist noch bei ihm. Aber sie sind nicht verheiratet; Jörg Bauer ist arbeitslos. Nadja verkauft Schuhe im elterlichen Geschäft, 43 Kilometer von Zennern entfernt. Pünktlich nach dem Mittagessen ruft sie ihn an, und sie verabreden, wo sie sich am Abend sehen, bei ihr oder bei ihm. Nadja ist 27 Jahre alt und wünscht sich mehr als die tägliche Entscheidung. Sie hat einen kleinen Hund, von dem Jörg sagt, daß sie ihn maßlos verwöhne, und einen zahmen Graupapagei, den Jörg durchs Telephon hört. Das Tier ist gemein intelligent und krächzt, je nach Laune, den Gefangenenchor aus Nabucco oder »Schneeflöckchen, Weißröckchen«.
Claus Fritz hat mittlerweile drei Kinder und konnte mit Hilfe der Schwiegereltern ein Haus im Dorf Egelfingen bauen. Nach dem Schichtdienst auf der Intensivstation im Sigmaringer Krankenhaus zieht er in die Egelfinger Wälder, jagt Wildschweine oder schaut auch nur nach den Eichhörnchen und Hasen. Egelfingen hat 130 Einwohner, von denen zur Zeit 30 unter sechs Jahre alt sind; am Rathaus sind die Elterntreffen für die Erstbeichtkinder angeschlagen. Der Schützenverein wird in die Landesliga aufsteigen; die Blaskapelle hat eine Schallplatte produziert. Claus Fritz ist zudem bei der Feuerwehr aktiv; seine Frau Brigitte engagiert sich in der Altenpflege.
In den Photoalben erscheint regelmäßig auch Jörg als ein neues Familienmitglied. Jörg bei der Jagd, Jörg im Egelfinger Fasching, aber auch Familie Fritz zu Gast bei Jörg, die Kinder von Claus lesen mit Jörgs Mutter Äpfel im Garten auf. Es gibt ein Photo von Nadja im Schuhgeschäft, Bilder von gemeinsamen Ausflügen ins Kurhessische Bergland, dessen geschwungene Silhouet-

te der Linienführung der Schwäbischen Alb auffallend ähnlich ist. Und wenn Jörg seine vierteljährlichen Kontrolluntersuchungen in Tübingen hat, bei Dr. Schmid, dem jetzigen Leiter der Abteilung für Knochenmarktransplantationen, schauen er und Nadja regelmäßig auf der Schwäbischen Alb vorbei. Dann sitzen alle um den großen Fritzschen Wohnzimmertisch, der kleine Springbrunnen plätschert, und es gibt süßen Hefekuchen.

Jörg und Claus sind mit ihrer gemeinsamen Geschichte einig. Claus Fritz sagt, er würde wieder Knochenmark spenden, das sei doch gar keine Frage. Und Jörg Bauer sagt, er sei sehr froh, daß er es geschafft habe, er könne nur hoffen, daß es so bleibe, wie es jetzt ist. Dann lächelt er, und seine schönen Finger spielen mit dem Fläschchen voller Flüssigkeit für künstliche Tränen.

Von der Realität des Lebens

Ungezählt sind die Kartenmotive mit der efeubewachsenen Silhouette am Hang, unermüdlich die Photographierenden: Sie halten vor dem Halbrund der Mauer unter der Trauerweide weiße Vögel fest, als seien es noch jene, von denen einst gesagt wurde, sie tunkten ihre Häupter »ins heilignüchterne Wasser«. Aber die Schwäne wissen nichts von diesem alten Bild, und selbst das ehrwürdige Gebäude, vor dem sie ihre Kreise ziehen, ist nicht mehr das Original: »… in einem von den Wellen bespülten Thurme, träumt seit 33 Jahren Friedrich Hölderlin, und brütet über seinem verstummten Saitenspiel.« So Gustav Schwab 1840, ein Zeitgenosse, der es hätte besser wissen können. Aber schon zu Lebzeiten Hölderlins war der Mythos, der ihn umgab, stärker als seine Realität. Die Vorstellung vom umnachteten Genie, verriegelt in einem Turm, machte die schöne romantische Runde und wurde von der Nachwelt gerne aufgenommen. Noch Stefan George sah in dem Haus »gruft und tempel«, Peter Weiss den »Kercker«. Daß das Haus kein alleinstehender, gar hermetischer Turm ist und nie einer war, schien die Vorstellung nicht und nicht den Augenschein zu stören.
Das Gebäude, das 1778 »gegen den Nekar so zwischen der Stadt und Zwinger Mauer Neu erbauet worden«, ruht teilweise auf den Resten der alten Stadtbefestigung. Es erhielt einen turmartigen Vorbau oder Erker. Hölderlin bewohnte dieses »Rundel«, das Turmzimmer, einen kleinen hervorspringenden Raum auf dem

Grundriß eines halbierten Achtecks. Seine fünf Fenster erlaubten den Blick über das Steinlachtal, das Neckartal, den Rammert genannten Wald bis hin auf den fernen Mittelgebirgszug der Schwäbischen Alb. Das »Rundel« lag am Ende eines Flurs zwischen der Küche und dem Wohnzimmer. Das Tübinger Hölderlinhaus, der »Hölderlinturm«, ist nicht nur das bekannteste Dichterdenkmal in Deutschland, er gehört zu den akzeptierten Ikonen moderner europäischer Geistesgeschichte. »Schwimmende Hölderlintürme« (Paul Celan) durchziehen das Dichten zeitgenössischer Autoren. Wer heute zum ersten Mal in das kleine Universitätsstädtchen Tübingen kommt und die wenigen Schritte vom Bahnhof zur Neckarbrücke geht, sieht drüben hinter dem Wasser nichts, was er nicht schon kennt. Bescheiden antwortet ein falsches Original der vielfältig vorbereiteten Erwartung. Denn 1875 brannte das alte Haus bis auf das erste Stockwerk ab und wurde völlig neu errichtet. Der Vorbau ist seither rund und hat nur drei, nicht, wie zu Hölderlins Zeiten, fünf Fenster.

Im Gebäude ist ein Museum untergebracht. Schwarzweiße Bodenkacheln führen zu den leeren lichtdurchfluteten Räumen mit gläsernen Wandvitrinen. Ihr taubenblauer Samtausschlag zitiert nicht zufällig den Farbton der Großen Stuttgarter Hölderlinausgabe; Lebenszeit des Dichters soll in schriftlichen Zeugnissen lesbar werden. Die Ausstellung »Hölderlin in Tübingen« dokumentiert vor allem Hölderlins Jahre im Stift und seine zweite Lebenshälfte hier im Haus des Tübinger Schreinermeisters Ernst Zimmer. Im zweiten Stock erzählen Vitrinen von der Geschichte des Hauses.

Und zwischen dem Steuerrevisionsprotokoll, das den Wert des Gebäudes im 18. Jahrhundert taxiert, alten Bauskizzen und Katastern ist auf dem blauen Samt mit Stecknadeln ein merkwürdiges Stück Papier angebracht, ein – faksimiliertes – Stammbuchblatt, beschrieben von der Hand Hölderlins, kommentiert von einer anderen Hand mit etwas kleineren Buchstaben: die Schrift Lotte Zimmers, Tochter des Schreinermeisters. Warum nun dieses ungewöhnliche Blatt bei der Hausgeschichte zu finden ist und nicht in den Vitrinen, die Hölderlins zweite Hälfte des Lebens im Turm festhalten, bleibt rätselhaft.

Von der Realität des Lebens
Wenn die Menschen das bemerken, daß Kenntnisse im Leben sind, die den Menschen interessiren, so kann man davon sprechen, daß ein Zwek im Leben, und daß die Nüzlichkeit im Leben nicht ohne Interesse wäre. Die höchsten Behauptungen des Menschen sind nicht ohne solche Allgemeinheit. Das Innere des Menschen ist von mehreren Bestimmungen; diese Art von Behauptenheiten ist davon nicht ausgeschlossen. Die Menschen sind in solchen Rücksichten höhere Menschen, die in der menschlichen Gesellschafft existiren.
d. 25. Januar 1729. Dero unterthänigster Buarotti

Komplizierte Zirkelschlüsse, die nicht mehr ganz greifen wollen. Versatzstücke einstiger Systeme, deren Bezüge sich vervielfältigt haben. Die Sprache zeigt Bildeffekte wie Fluchten von zersprungenen Spiegeln. Und doch spricht dieses Stammbuchblatt »Von der Realität des Lebens« über einfache oder eben schwer einzulösende soziale Verhaltensweisen und Haltungen.
Die spätere Studentenwirtin Lotte Zimmer schickt das einst in ihrem Haus liegengebliebene Blatt, laut dem »die Nüzlichkeit im Leben nicht ohne Interesse« sei, 1864, also 21 Jahre nach Hölderlins Tod, einem ehemaligen studentischen Hausgast, der ihr ans Herz gewachsen war. Auf die leere dritte Seite des Stammbuchblattes »Von der Realität des Lebens« notiert sie schnell:

Hir das Blatt von Hölderlin mit seiner Handschrift. Sie werden lachen auch ob der Unterschrift u ob dem Datum da Er 1729 schreibt u schrieb dieses doch 1840. ich möchte wißen wer der Buarotti war. vor den Er sich hier unterschrieben? heben Sie das Blatt auch auf wegen der Handschrift? nicht wahr. Sie grüßend Lotte.

1840 brütet Hölderlin nicht über »seinem verstummten Saitenspiel«, sondern er produziert – auch wenn seine Dichterkollegen und Freunde das kaum ernst nehmen können. Er schreibt, wenn er Papier hat, notiert, scheinbar spontan, gewünschte Gedichte für interessierte Besucher. Und Lotte Zimmer bewahrt manches auf und verschenkt es, oft nach Jahren noch, weiter. Welche »Realität des Lebens« war es, die diese Frau mit dem Dichter verband? Ein altes gefaltetes Papier hinter Glas, beschrieben von zwei Händen, lädt ein, über den Alltag im mythischen Turm nachzudenken.
Genaugenommen beginnt die Geschichte von Herrn Hölderlin und der Tochter des Schreiners schon sechs Jahre vor Lottes Geburt. Als am 4. Mai 1807 der Schreiner Ernst Zimmer die Treppen von seinem neuerworbenen Haus unten am Tübinger Neckar hinaufstieg zum Universitätsklinikum, war er auf dem Weg zu einem Mann, dem mit den psychiatrischen Mitteln seiner Zeit nicht mehr zu helfen gewesen war. Ernst Zimmer wollte einen Kranken bei sich aufnehmen, in dem er den Dichter des »Hyperion« verehrte. Für Hölderlin hingegen muß die Sache anders ausgesehen haben. Wenige Monate zuvor, im vorangegangenen September, war er von Bad Homburg nach Tübingen gelockt worden, unter dem Vorwand, er solle als Hofbibliothekar dort Bücher besorgen. Ein Trick. Man hatte ihn sofort hospitalisiert. Nun wurde er einem Handwerker mitgegeben. Er konnte nicht wissen, was ihn erwarten würde. Zusammen stiegen sie die Treppe

hinunter zum Neckar; Ernst Zimmer 34 Jahre alt, Friedrich Hölderlin 36. Vermutlich observierte ein Pfleger den Gang ins Freie.
Was mag Hölderlin, der ein halbes Jahr im Narrenzimmer interniert gewesen war, an diesem 4. Mai 1807 gesehen haben? Fast auf den Tag genau, nur 52 Jahre später, am 9. Mai 1859, wird ein studentischer Hausgast Lotte Zimmers für seine Eltern daheim eine Skizze geben von seiner neuen Unterkunft im Zimmerschen Anwesen.

Das eine Fenster geht hinaus auf den reißend zwischen Weidengebüsch dahin eilenden Neckar, auf die hinter ihm thronenden Alleen, aus welchen einige freundliche Häuser hervortauchen & die ganze Aussicht umkränzt vom blauen Saume der rauhen Alp. Mein anderes Fenster geht hinaus auf einen großen Buchsbaum, auf ein Stackett mit Salatbeeten dahinter & Kresse & blühendem Mohn & einer Treppe, welche von einer steilen, etwa 20 Fuß hohen, diese Aussicht beschränkenden Mauer in diesen Garten hinabführt; dann wieder ein Stackett – ein alter Schoppen – die Spitze eines Hauses & im äußersten Hintergrunde ein Ausläufer des Schloßberges. Rechts auf der schon genannten Mauer stehen in derselben graden Linie einige kleine Häuser, die also nur eine Fortsetzung der Mauer zu sein scheinen und deren Fenster das zarte, frische Grün einiger junger Pflaumenbäume beschattet.

In etwa so wird auch Hölderlin ein halbes Jahrhundert zuvor das Ambiente angetroffen haben. Der kranke Dichter bekommt das helle »Rundel«, dessen Blick er zeitlebens schätzen sollte. Die in den Fensterrahmen gefaßte, sich weitende Landschaft wird in die verschiedenen Jahreszeitengedichte eingehen, die er nun schreibt. Allein drei Gedichte mit dem Titel »Aussicht« sind überliefert.

Aussicht

Der off'ne Tag ist Menschen hell mit Bildern,
Wenn sich das Grün aus ebner Ferne zeiget,
Noch eh' des Abends Licht zur Dämmerung sich neiget,
Und Schimmer sanft den Glanz des Tages mildern.
Oft scheint die Innerheit der Welt umwölkt, verschlossen,
Des Menschen Sinn von Zweifeln voll, verdrossen,
Die prächtige Natur erheitert seine Tage,
Und ferne steht des Zweifels dunkle Frage.

Die freundliche Realität des Lebens wollte es, daß der seelenkranke Dichter von einer jungen Handwerkerfamilie aufgenommen wurde und mit ihr zusammen in einem offenen Haus wohnte. Hölderlin lebte mit Schreinergesellen, Lehrbuben und häufig wechselnden Studenten verschiedener Fakultäten, mit Säuglingsgeschrei und Kleinkinderterror.

Das älteste Kind der Zimmers, Christiane Dorothea, war bei seinem Einzug gerade fünf Jahre alt, Säugling Christian lag in den Windeln. Von den sechs Kindern, die Elisabethe Zimmer geboren hatte, sollten drei überleben. Kindergeburt und Kindersterben, Ereignisse, von denen Hölderlin im Zimmerschen Haus erfuhr, werden Themen seiner Gedichte. Am 20. November 1813 kommt das jüngste Kind, das Mädchen Charlotte, zur Welt. Die Zimmerschen Kinder wachsen mit Hölderlin auf; Hölderlin lebt mit den Zimmerschen Kindern. Am 22. Februar 1814 schreibt der Vater Ernst Zimmer in einem Brief an die Mutter Hölderlins:

Mein Büble hat das Clavirspille angefangen, und da thut Sich Ihr lieber Sohn meistens mit Clavirspilen unterhalten, Er kann noch nach Noten spilen wenn Er will Er spilt aber lieber nach eigener Fantasie.

Von Hölderlin wird erzählt, er habe Kinder geliebt, die aber hätten ihn geflohen aus Angst vor dem eigenwilligen Gebaren des seltsamen Mannes. Den Zimmerschen Kindern war dies alles vertraut. Sie kannten den Hausgenossen Herrn Hölderlin, der oft schon am frühen Morgen im Flur oder Garten auf- und abging, dabei laut aus dem Klopstock deklamierte oder sang oder Blumen ausriß, sie in die Taschen stopfte und dort vergaß. Mit seinen Unruhen müssen sie ausgekommen sein, seine Tobsuchtsanfälle dürften sie nicht mehr geschreckt haben. Im Sommer nehmen die Kinder den Mann mit auf die Felder oder in die Weinberge, wo er dann auf einem Stein wartet, bis sie mit ihren Angelegenheiten fertig sind.

Der Sommer

Im Thale rinnt der Bach, die Berg' an hoher Seite,
Sie grünen weit umher an dieses Thales Breite,
Und Bäume mit dem Laube stehn gebreitet,
Daß fast verborgen dort der Bach hinunter gleitet.

So glänzt darob des schönen Sommers Sonne,
Daß fast zu eilen scheint des hellen Tages Wonne,
Der Abend mit der Frische kommt zu Ende,
Und trachtet, wie er das dem Menschen noch vollende.

den 24. Mai 1758
Mit Unterthänigkeit Scardanelli.

Bei aller verklausulierten Bildersprache, bei aller Distanzierung durch das erfundene Datum – 24. Mai 1758 – und durch das Pseudonym »Scardanelli«, bei allem Abstand also, den Friedrich Hölderlin zu seiner Umgebung hatte und bewahren wollte, scheint er doch sozial gehandelt zu haben.

Er erschrack z. B. einmal aufs Äußerste, als er ein Kind in einer gefährlichen Stellung am Fenster sah, lief schnelle hin und nahm es weg.

Diese Szene überliefert der junge Dichter Wilhelm Waiblinger, der während einiger Jahre Hölderlins Freundschaft suchte – und auf gewisse schüchterne Weise auch fand. Beide saßen dann zusammen in Waiblingers Gartenhaus auf dem Österberg, schauten über das Land und rauchten. Nicht unwahrscheinlich, daß es die Jüngste war, Lotte, die Hölderlin geistesgegenwärtig vom Fenster hob. Als Jungfer Lotte sollte sie seine letzte Vertraute werden.
Von Lotte Zimmer waren aus ihrer gemeinsamen Zeit mit Hölderlin gerade drei Briefe bekannt, und vermutlich wäre ihre Person weiterhin eine Leerstelle geblieben, wäre nicht im Sommer 1991 die Pflegschaftsakte des Dichters Hölderlin aus seinem letzten Lebensjahrzehnt im Nürtinger Stadtarchiv aufgetaucht. (Sie wurde im Zusammenhang mit sämtlichen Dokumenten zu Hölderlins letzten Lebensjahren ediert von Gregor Wittkop unter dem Titel »Der Pflegsohn«.) Von 1828 an, dem Todesjahr der Mutter, hatte der Entmündigte unter der Vormundschaft eines amtlich bestellten Pflegers gestanden. Ernst Zimmer, Hölderlins Kostherr in Tübingen, rechnete vierteljährlich mit dem Vormund in Nürtingen über die Ausgaben für den Pflegsohn ab. Die Pflegschaftsakte dokumentiert Hölderlin als einen Kostenfaktor. Unter anderem enthält sie die bilanzierende Korrespondenz von Ernst Zimmer in 21 bisher unbekannten Briefen und nach seinem Tod eben den Schriftwechsel der jüngsten Tochter Lotte über den »Herrn Pflegsohn«. Zwischen ihrem 25. und 30. Lebensjahr schreibt Lotte Zimmer Briefe über Hölderlin. Zu den bekannten dreien sind nun weitere 19 gekommen.

Lotte Zimmer erlebt den alten, sich von der Außenwelt distanzierenden Friedrich Hölderlin täglich, wohl stündlich, in der Innenwelt des Hauses. Sie darf ihn, der seine Texte nurmehr mit Pseudonymen – Buonarotti, Scardanelli, Scaliger Rosa – zeichnet, bei seinem Namen »Hölderlin« nennen. Sie moderiert zwischen neugierigen Eindringlingen und dem in sich verschlossenen Dichter, bewahrt ihn vor fremder Zudringlichkeit, schützt auch die Gäste vor der spontanen Wut des gelegentlich noch Tobsüchtigen. Sie hält als unmittelbare Vertraute Hölderlins Texte tintenfrisch in der Hand, die heute zum größten Teil verloren sind.
Ab Januar 1839, nach dem Tod des Vaters, ist es die Tochter Lotte Zimmer, die die anfallenden Rechnungen und Quittungen an Hölderlins Nürtinger Vormund schickt. Daneben belegt sie vierteljährlich zu Lichtmeß, Georgi, Jakobi und Martini die Kosten für Verpflegung und Unterkunft. Und wie schon früher ihr Vater, berechnet und quittiert sie nicht nur, sondern sie kommentiert den kleinen, meist auf Haus und Garten beschränkten Alltag des Dichters.

Tübingen d 20ten Aprill 1839
Verehrtester Herr Oberammtspfleger! Ich bin so frei Ihnen aus Auftrag meiner Mutter die Vierteljährige Rechnung auf das Quartal Georgi vor Ihren Herrn Pflegsohn zu übersenden.

Unwillentlich sichert Lotte Zimmer mit diesem Eingangssatz alles, was sie im folgenden schreiben wird. Mit der Erwähnung der Abrechnung werden ihre Zeilen ein Dokument für die Buchhaltung. Wäre Lotte Zimmer weniger pietätvoll umgegangen mit den Hölderlinschen Gedichten, die sie manchmal den Rechnungen beilegte als ein Zeichen des Grußes, hätte sie auf deren Rückseite die Kosten für zwei neue Taschentücher notiert, die Verse wären mit Sicherheit erhalten geblieben. Unbeschwert mit den Kosten des Alltags waren sie eine zu leichte Fracht. Ihre eigenen Nachrichten fügt Lotte Zimmer unmittelbar der Rechnung an:

nur ist Er einige Tage sehr unruhig was aber immer so ist bey so veränderlichem Wetter, was besonders einen großen Einfluß bey ihm macht.

Hölderlins wechselnde psychische Zustände sind ihr abhängig von Sonne, Wind und Regen, und wie unabwendbare Naturereignisse, mit denen man sich zu arrangieren hat, nimmt sie sie eben hin. Da gab es das Toben, das Umsichwerfen, da gab es die kleinen, die latenten Unruhen. Für einen Mann, der sich meist nur noch im Hausgang oder im Garten bewegte, belegen die häufigen Schustersrechnungen weite Ausflüge, beständige Fluchten ins Hin- und Her. Sie schreibt an den Vormund:

Wir sind wirklich auch in Verlegenheit mit Herrn Hölderlin seine Hemder, da die Neue welche man Ihm vor einem Jahr ungefähr geschickt hat, so ungemein verreißen, u. man Sie beynah nicht flicken kan, u. an 3 sollten neue Aermel u. Krägen hin … Sie können sich keinen Begriff machen wie Er die Hemmder verreißt vielmehr als Leute welche streng arbeiten, Er hat die Hände immer in den Aermel u. spielt mit.

Im August 1842, kein ganzes Jahr vor Hölderlins Tod, hält Lotte Zimmer das Toben des alten Mannes fest. Mit fast naturwissenschaftlicher Nüchternheit bemerkt sie, wie er bei der »Hitze« »oft so bös« wurde, daß die »Seßel in der Stube« flogen. Dann erwähnt sie beiläufig, daß ihre alte, schwer gliederkranke Mutter »Ihm abwehrte« und fängt verharmlosend alles in der Bemerkung auf, Hölderlin sei aber sonst »ganz ordentlich«. Und nun endet sie diese Briefpassage mit dem erstaunlichen Satz: »man muß oft wo man traurig sein solte, noch genug ob Ihm lachen.«

Lotte Zimmer ist die einzige Schreiberin, für die Hölderlin ausnahmslos ein »Herr« bleibt: er ist »Herr Hölderlin«, »Herr Pflegsohn«, er ist – was er sonst nie sein darf – der »Herr Bibliothekarius«. Sie akzeptiert »Herrn Hölderlin« eben als den Mann, der manchmal toben mußte, der aber dann auch wieder sanft war, und »im andern Augenblick nicht mehr wißen« will. Sie kann die Scham registrieren, die der offiziell Unzurechnungsfähige nach seinen Anfällen verspürt, und nimmt seine Bereinigungsgesten diskret an: Das Wetter war schuld, sonst war nichts gewesen.

Nach dem Tod Ernst Zimmers lebte die Restfamilie allein von der studentischen Zimmermiete. Der verschuldete Bruder Christian Friedrich wandert nach Amerika aus und gilt bald als verschollen, die ältere Schwester heiratet einen Pfarrer und zieht in den Schwarzwald. Im Zimmerschen Haus bleiben die beiden Frauen, Lotte mit ihrer kranken Mutter, und Hölderlin. Als Hölderlin starb, stand sie vor ihrem 30. Geburtstag. Sie sollte noch 36 Jahre leben; ihre andere Hälfte des Lebens hatte begonnen.

Heute gehört das prominente Gebäude am Neckar der Stadt Tübingen; die Hölderlingesellschaft verwaltet es und hat daraus einen Ort der kulturellen Begegnung gemacht. Seit zehn Jahren wird es in besonderer Weise belebt. Der österreichische Gelehrte Paul Hoffmann, ein später Remigrant aus dem neuseeländischen Exil, hat in der Zeit nach seiner Emeritierung das Haus zu einer ersten Adresse für die Weltsprache der modernen Poesie gemacht. Zusammen mit der Hölderlingesellschaft lud er Autoren und Übersetzer zu Lesungen und Arbeitsgesprächen im Kreis von Studenten ein und läßt das Haus wieder beides sein: Werkstatt und Dichterturm. Denn die Dichter kamen: Ilse Aichinger, Friederike Mayröcker, Ernst Jandl, Oskar Pastior, Wulf Kirsten, Stefan Hermlin, Sarah Kirsch, Dagmar Nick, Evelyn Schlag, Wolfgang Hilbig, Jürgen Becker, Volker Braun, Peter Härtling, Christoph Meckel, Michael Krüger, Kurt Leonhard, Michael Hamburger und Cees Noteboom. Und andere Dichterkollegen und Freunde. An Hölderlins Ort diskutierten die hierzulande kaum bekannten chinesischen Lyriker »Die Edlen von Sichuan« ebenso wie die Sterne vom Prenzlauer Berg. In diesen Tagen wird der junge Büchnerpreisträger Durs Grünbein lesen. Und am Eingang wird eine griechische Studentin aus Thessaloniki stehen und die Karten abreißen.

Nietzsche in Weimar

Es war einmal, da war Weimar Teil der Deutschen Demokratischen Republik, und eine Organisation mit Namen »Nationale Forschungs- und Gedenkstätten der klassischen deutschen Literatur in Weimar« hütete das kulturelle Erbe der Stadt. Heute ist Weimar Teil der Bundesrepublik Deutschland, und die verantwortliche Kulturorganisation heißt »Stiftung Weimarer Klassik«. Damals, zu Zeiten der »Nationalen Forschungs- und Gedenkstätten«, war die Humboldtstraße 36 eine Adresse für ein Gästehaus. Im zweiten Stock wohnten Wissenschaftler, die in den Archiven und Bibliotheken arbeiteten. Das ist auch heute noch so. Doch im Unterschied zu damals ist die rote Sandsteinplatte über dem Portal des Hauses, das nach dem Hügel, auf dem es steht, auch »Silberblickvilla« genannt wird, nicht mehr abgeschliffen. Man hat die alten Lettern aus jener Zeit wieder eingraviert, als Weimar noch Teil des Deutschen Reiches war und die Humboldtstraße noch Luisenstraße hieß: »Nietzsche Archiv«. Der andere Unterschied ist, daß man heute keinen Hausmeister mehr umständlich überreden muß, einen ausnahmsweise einmal durch die unteren Räume zu führen, wo unter verstaubten Plastikplanen das Jugendstilinterieur von Henry van de Velde zu erahnen war. Heute sind nur die geregelten Öffnungszeiten zu beachten, und jeder darf die frischrenovierten Räume besichtigen: das Speisezimmer mit einer Nietzsche-Ausstellung, den Tee-Salon mit Flügel und Nietzsche-Skulpturen und ein

Arbeitszimmer. Besucher sehen die Räume, wie sie 1902/03, also erst nach Nietzsches Tod im August 1900, gestaltet worden sind. Nietzsche selbst wohnte einen Stock darüber; sein kleines Sterbezimmer, lange Zeit Gästezimmer, fiel Renovierungsarbeiten in den 80er Jahren zum Opfer.

1897 hatte die Schweizerin Meta von Salis-Marschlins das Anwesen gekauft. Sie wollte dem kranken Philosophen ein Heim geben und dem Nietzsche-Archiv, für das die Schwester schon seit der Kindheit des »klugen Fritz« gesammelt hatte, einen würdigen Ort. Im Sommer desselben Jahres noch zieht das ungleiche Geschwisterpaar ein. Schwester Elisabeth Förster-Nietzsche war zu diesem Zeitpunkt frische Witwe. Ihr Mann hatte sich, nach dem gescheiterten Versuch, in Paraguay eine arische Kolonie »Nueva Germania« einzurichten, das Leben genommen. Elisabeth Förster-Nietzsche darf ihre Lebensenergien nun ganz auf den vergöttlichten Bruder richten. Ein Kultur-Management geht in seine Hochphase, von dem Nietzsche nicht mehr viel wahrgenommen haben wird. Der Philosoph soll beim Betreten der Räume »Palazzo, Palazzo« gelallt haben. Höchst fragwürdig ist, ob er wußte, daß er sich auf Weimarer Boden befand. Und daß er, ausgerechnet in Weimar, zum Zentrum eines neuen Kultes werden sollte. Auch wenn der schwesterliche Wille zur Macht in antisemitische und bald in nationalsozialistische Richtung zog, war die Silberblickvilla bis in die 30er Jahre ein Ort für Nietzsche-Pilger sehr verschiedener Art.

Heute steht das »Nietzsche-Archiv« zwar wieder in den offiziellen Stadtführern. Aber das täuscht nun auch. Denn ein Archiv ist die Silberblickvilla nicht. Die einstigen Bestände des Archivs wurden 1945, nachdem sie zum Transport in die Sowjetunion bereits in Kisten verpackt waren, doch noch in Weimar verteilt. Die Herzogin Anna-Amalia-Bibliothek verwahrt nun

Nietzsches Privatbibliothek, und im Goethe- und Schiller-Archiv sind die Handschriften des Philosophen und die Korrespondenzen des Archivs aufgehoben.

*

Wer einen Ausleihschein ausfüllt, bekommt im Benutzersaal des an der Ilm gelegenen Goethe- und Schiller-Archivs ein Kästchen mit Photographien ausgehändigt. Rechts und links surren die Lesegeräte, Menschen beugen sich über Bücher, es herrscht jene unreine Stille, die die Grenze zur absoluten Stille immer wieder um gerade soviel überschreitet, daß sie dauernd an sie erinnert. Es ist gerade so laut, daß jeder spürt, wie still es ist. In diesem Gedanken-Gebrüll läßt sich Nietzsches Leben hinblättern wie ein Kartenspiel. Der Abiturient in Schulpforta, bartlos, ein Milchgesicht; der Student in der Jünglingsrunde des »Philologischen Vereins« in Leipzig; dann hält ein Photograph Hartmann in Basel 1873 den jungen Professor fest. Sehr bald nun: Nietzsche grübelnd, die Hand auf das Kinn gestützt, Nietzsche stierend, die Hand an der Wange. Und natürlich kommt das bekannte, fürchterliche Bild des kranken Mannes in Naumburg an der Seite der schönen Mutter. Sie mit dem Porzellanpuppengesicht, scheinbar zart in seinen Arm eingehängt, zwingt ihn doch eisern für den Moment der Aufnahme zur führenden Haltung. In der Krankheit erscheint der Mann milder. Nietzsche von unten nach oben schauend, im Sessel halb liegend, oder gestützt sitzend, traurig gebettet. Dann wieder lagert er entspannt ausgeliefert, die dickliche Schwester ihm zur Seite, in koketter Drehung agil ihm oder dem Photographen zugewandt. Nietzsche lahm; sie voll Leidenschaft. Einmal er mürrisch sich wegdrehend, sie um so bemühter ihm zugeneigt.
Dann nur: Nietzsches Hand, Studien von Fingern, die

nicht mehr schrieben. Eine Photo-Serie zärtlicher Krankheitsbilder von Hans Olde, der Nietzsche auch zeichnete. Dazwischengerutscht ein Bild der abgründigen jungen Lou Salomé im schmalen dunklen Kleid. In bösem Zufall direkt dahinter ein Konfirmationsbild der Schwester Elisabeth, die eine Schönheit gewesen sein muß: Erinnerungszeichen an eine kurze Liebe und einen lebenslangen Haß. Bis zu seinem Tod hat die Schwester seinen überlangen Bart gepflegt. Bei einem hilflosen Mann, der kaum noch sauber aß, muß die Pflege eines so langen, so buschigen Gewächses eine tägliche intensive Intimität bedeutet haben. Gesund hatte Nietzsche seinen Bart kürzer getragen. Es folgen Nietzsche-Ikonen. Nietzsche gemalt und gemeißelt, nachempfunden als Zarathustra, heldenhaft, oder mit einem Adler melancholisch. Nietzsche dionysisch tanzend, gestrichelt oder schattiert, als nackter arischer Jüngling auf Fels vor der Brandung oder finster vor deutschem Blattwerk. Ein Exlibris zeigt ihn mit Dornenkrone: »Von allem Geschriebenen liebe ich nur das, was einer mit seinem Blute schreibt.« Oder biederer als Holzschnitt mit Sinnspruch: »Ich glaube, daß die Vegetarier mit ihren Vorschriften weniger und einfacher zu essen, mehr genützt haben, als alle neueren Moralsysteme zusammengenommen.« Nietzsche, der theoretische Individualist, durfte praktisch für alle dasein. Nietzsches Totenbett, von der Schwester dekoriert mit Schleifen und Dauerkränzen, als wolle sie es appetitlich machen, Bilder von illustren Teegesellschaften im Nietzsche-Archiv. Zwischen Rosen stehen verliebt Richard und Ida Dehmel im Garten. Vor dem Portal begrüßt Adolf Hitler die glückliche Schwester, die ihm Nietzsches Degen schenken wird.

*

Um es vorweg zu sagen: ein interessierter Reisender wird in Weimar kein originales Nietzsche-Manuskript sehen. Die im Magazin des Goethe- und Schiller-Archivs verwahrten Papiere bekommen selbst ausgewiesene Nietzsche-Forscher nur dann in die Hände, wenn sie an einer Nietzsche-Edition arbeiten und etwa entscheiden müssen, ob eine eingefügte Korrektur mit derselben Tinte oder einer späteren vorgenommen wurde. Für solche Feinheiten reichen die Verfilmungen nicht. Aber wer kann ihr schon damit kommen. Deshalb legt Frau Dr. Roswitha Wollkopf auch den Fernsehteams Faksimiles vor.
Die Archivarin verwaltet heute in gelassener Strenge die über 100 Handschriftennachlässe des Archivs, darunter auch den von Friedrich Nietzsche. Und doch muß er für sie etwas mehr bedeuten als alle andern.
Es war einmal, da gab es Nietzsche nicht. Zumindest war er in Weimar offiziell kein Autor, um dessen Interpretation man sich bemühte. Es sollte nicht zum guten Ton gehören, Nietzsche zu zitieren. Paradoxerweise hatte sich das kommunistische Regime ausgerechnet die nationalsozialistische Lesart zu eigen gemacht. Als Stephan Hermlin 1976 eine Anthologie »Deutsches Lesebuch« veröffentlichte, wurde sie schon deshalb zur Sensation, weil sie ein Nietzsche-Gedicht enthielt. Ansonsten konnte man Nietzsche in den Bibliotheken lesen. Meistens. Dr. Wollkopf aber hatte während der zehn Jahre vor der Wende die Schlüsselgewalt über die Originalmanuskripte. Auch wenn diese Papiere in einem liederlichen Zustand waren und zerfielen, waren sie Dynamit.
Dr. Wollkopf schließt einen menschenleeren riesigen Bibliotheksraum auf, und wir setzen uns an einen unendlichen Tisch. Sie habe sich zu diesem Gespräch überreden lassen, sagt sie, aber eigentlich habe sie nichts mehr zu erzählen. Sie beschäftige sich jetzt mit anderen

Nachlässen. Die zierliche Frau, deren entschiedene Bescheidenheit mit großer Strenge zu verwechseln ist, war die erste, die die in Kisten verpackten Materialien des Archivs sichtete. Es handelte sich um Korrespondenzen, Zeitungsartikel und Sonderdrucke, die über vierzig Jahre chronologisch in Monatsmappen abgelegt worden waren. Dr. Wollkopf arbeitete in einer Art Maulwurfstaktik, während ideologischer Tauperioden offiziell, ansonsten heimlich. Dank dieser Vorarbeiten konnte sie nach der Wende aus den Materialien sehr schnell die Ausstellung einrichten, die jetzt in der Silberblickvilla zu sehen ist. Ob ich den Brief von Romain Rolland gesehen hätte? Am 4. August 1933 erklärt der Nobelpreisträger höflich, daß er, nachdem er in der Pariser Zeitschrift »Le temps« von dem Glückwunschtelegramm der Elisabeth Förster-Nietzsche an Mussolini gelesen habe, nun aus der Nietzsche-Gesellschaft auszutreten wünsche: »Ich bin ein Verfechter der Ideale, die Mussolini mit Füßen tritt. In einer Gesellschaft, die den Condottiere verherrlicht, habe ich deshalb keinen Platz mehr.« Der Brief liegt übrigens nicht als Original hinter Glas. Oder doch. Das Faksimile schien zu schlecht, so wurde der in der Weimarer Museen-Szene bekannte »Jenaer Fälscher« gebeten, auch diesen Brief doch einmal abzuschreiben. Wenn es Frau Dr. Wollkopf möglich ist, schaut sie jetzt etwas frech.
Einen Katalog der Ausstellung in der Villa Silberblick gibt es nicht. Bei der Konzeption der Ausstellung zum 100. Todestag Friedrich Nietzsches im Jahr 2000 ist Frau Dr. Wollkopf nicht mit einbezogen. Sie winkt ab, sie habe genug anderes zu tun. Nach der Wende sei ja auf einmal so viel über Nietzsche publiziert worden. Sie sagt nicht, daß es dann leichter gewesen sei. Sie erwähnt nur, daß sie einen Aufsatz, den sie in DDR-Zeiten geschrieben hat, nach der Wende veröffentlichte, ohne ein Wort zu korrigieren. Hinterher war es ihr

dann doch ein bißchen peinlich. Sie hatte natürlich das Wort »faschistisch« benutzt, »nationalsozialistisch« durfte man doch nicht sagen, wegen der Nähe zu »sozialistisch«. Sie lächelt. Das Volkswagenwerk fördert jetzt die Sichtung der Archiv-Korrespondenzen. Der Bestand wurde verfilmt und wird nun alphabetisch geordnet. Eine Arbeitsgruppe ist mittlerweile beim Buchstaben »K«.

Frau Dr. Wollkopf ist Archivarin, und als Archivarin ist sie Herrin über die Einmaligkeit. Bibliothekare haben es immer mit Massenware zu tun. Aber Nietzsches Notizhefte sind Unikate. Und sie kann sie beschreiben. Nietzsche führte kleinformatige Schreibkalender mit sich, die in die Manteltaschen paßten, er hat sich nicht an Tage gehalten, sondern schrieb über das Kalendarium hinweg. Was ihm an seinen spontanen Notizen wichtig schien, übertrug er in quadratische Schreibhefte und arbeitete es aus. Manche hatten einen Einband mit Stickereien, manche waren in Leder gebunden; alle sind sehr zerschlissen. Oft riß er Blätter heraus. Nun folgte eine Reinschrift auf Folioformat. Nietzsche hat seine Texte immer wieder überarbeitet. Er zerschnitt Manuskripte, klebte sie wieder neu zusammen. Später mußten Freunde sie für ihn abschreiben.

Nach der Wende konnten mit den Geldern eines amerikanischen Sponsors die zerfallenen Manuskripte im Papierspaltverfahren restauriert werden. Sie erhielten einen neuen Papierkern, blasse Bleistiftspuren wurden fixiert und mit einem Säureschutz präpariert. So fand die Wiedergeburt Nietzsches aus dem Geist der deutschen Einheit statt.

Und doch war ja in der Zeit, da Nietzsche nicht war, Nietzsche doch da. »Monti«, sagt Frau Dr. Wollkopf leise und seufzt. Sie erinnert sich noch gut an Herrn Mazzino Montinari, jenen legendären Nietzsche-Editor, dessen Leidenschaft die erste kritische Gesamtausgabe zu verdanken ist. Er war KPI-Mitglied und bald Ehemann einer Weimarer Kollegin und brachte es fertig, innerhalb von zwölf Monaten vierfacher Vater zu werden. Nach dem ersten Kind kamen die Drillinge. Er muß eine wunderbare Integrationsfigur gewesen sein, und doch hat er während der vielen Jahre, die er in Weimar arbeitete, nie einen öffentlichen Vortrag über seine Edition gehalten, noch ist er in der Presse als Nietzsche-Editor auch nur erwähnt worden. Das sei, meint Frau Dr. Wollkopf, schizophren gewesen. Sie möchte nun gehen. Sie arbeitet nicht mehr über Nietzsche und das Archiv. Möglich immerhin, daß das Goethe- und Schiller-Archiv zum 100. Todestag Nietzsches für einige Tage auch das eine oder andere Originalmanuskript zeigt.

*

In dem kleinen holzgetäfelten Raum haben zwei Männer ihre Stühle in größtmöglichem Abstand voneinander plaziert. Zwischen den stummen Büchern, die in Stapeln den Raum füllen, summen zwei Computer. Wir befinden uns im zweiten Stock des Weimarer Residenzschlosses, im ehemaligen Ankleidezimmer des letzten Großherzogs. Aber wir sind überall; denn die Männer navigieren nach neuen Meeren durch ein weltumspannendes Projekt.

Daß dieses Projekt, an diesem Ort und in diesen Jahren verfolgt wird, hat Gründe, die in den beiden Männern eine idealtypische Verkörperung gefunden zu haben scheint. Würde man einen Nietzsche-Roman der Wende zu schreiben haben, man hätte sie erfinden müssen.

In der linken Zimmerecke arbeitet Freiherr Wichard Tello Erdmann von Wilamowitz-Moellendorff, 40 Jahre. Die blaugrauen Augen hinter seiner randlosen Brille bestätigen lächelnd, daß er tatsächlich der Urgroßneffe jenes Ulrich von Wilamowitz-Moellendorff ist, der mit 24 Jahren dem kaum älteren Professor Nietzsche in Basel das altphilologische Rückgrat gebrochen hat. Nach seiner 32 Seiten langen Streitschrift gegen die »Geburt der Tragödie« wurde Nietzsche als Philologe nicht mehr ernst genommen. »Zarathustra ist kein Gelehrter mehr«, sollte der Philosoph später resümieren. Und doch hatte der Verriß von 1872 eine Diskussion entfacht, die Nietzsche ins Bewußtsein einer breiteren Öffentlichkeit brachte.

In der guten Tradition des Urahnen sitzt Erdmann von Wilamowitz-Moellendorff nun an der wissenschaftlichen Ortung des Philosophen. Der gebürtige Dresdner hat in Dresden Schienenfahrzeugelektrotechnik studiert, später in Leipzig Bibliothekswesen und schließlich in Jena Germanistik. Als er 1982 in Weimar seine Stelle antrat, sah er sich auf einmal in der bibliographischen Abteilung des Schlosses, in deren Hintergrund die Privat-Bibliothek Nietzsches stand. Was lag näher als die Idee einer Nietzsche-Bibliographie? Als er sie äußerte, beschied ihm der damalige Direktor, daß er wohl ein Provokateur sei. Das war er nun nicht. Und so bibliographierte er Lessing und Schiller und später Heine und dazwischen 300 Jahre Weimarer Bibliotheksgeschichte. Von Wilamowitz-Moellendorff, der als Junge in den 60er Jahren im Kreis seiner Familie mit den Montinaris durch Weimar spazierenging, wußte, daß schon der italienische Philologe das Fehlen einer umfassenden Nietzsche-Bibliographie beklagt hatte.

1993 wiederholte er seinen Vorschlag. Der neue Bibliotheksdirektor aus dem Westen, Dr. Michael Knoche, unterstützte die Idee und übernahm die Verantwortung als Projektleiter. Die Deutsche Forschungsgemeinschaft akzeptierte den Antrag, und Nietzsche fiel aus der Verbannung in die Verfügbarkeit der modernen Zeiten. Es muß ein ziemlicher Sturz gewesen sein.

Als nun Dr. Frank Simon-Ritz, Zimmerecke rechts, mit Beginn des Projekts im Oktober 1995 anreiste, waren die Computer in den Weimarer Schlössern bereits da. Er hatte die Zeiten nicht mehr kennengelernt, da ein so subversiver Gegenstand wie ein Kopierer selbstverständlich nicht überall herumstand, und Bibliotheksangestellte Neuzugänge handschriftlich sechsfach auf Karteikarten eintrugen. Mittlerweile kann man im Verbundkatalog per Maus-Klick Bücher bestellen.
Seit dem 1. Oktober 1995 fördern die Deutsche For schungsgemeinschaft und die Stiftung Weimarer Klassik die Erstellung einer umfassenden Nietzsche-Bibliographie vom Erstdruck Nietzsches 1867 (der Dreiundzwanzigjährige publizierte im Rheinischen Museum für Philologie einen Aufsatz »Zur Geschichte der theognideischen Spruchsammlung«) bis zum Jahr 1998. Von den geschätzten 20 000 Titelaufnahmen sind bereits 9000 geleistet. Zu Nietzsches 100. Todestag im Jahr 2000 soll zumindest der erste Band der fünfbändigen Bibliographie, die Primärliteratur, vorliegen. Arbeitsgrundlage dieser umfassenden Retrospektive sind die bereits vorhandenen gedruckten Nietzsche-Bibliographien, aber auch internationale Datenbanken. Da die Titel über das Internet recherchiert und mit EDV gespeichert werden, nimmt die Nietzsche-Bibliographie fast zwangsläufig ihren Weg ins Internet. Seit 2. Februar 1998 gibt es eine vorläufige Probefassung, in die bislang nur einige Forscher Einblick haben, denn die Nutzung ist noch an ein Paßwort gebunden. Es soll aber, sagt man, nicht so furchtbar schwer zu knacken sein.
Die Projektgruppe arbeitet unter dem Gebot der Autopsie, der Inaugenscheinnahme. Nur wenn ein Titel durch zwei sichere Nachweise belegt ist, verzichten die Bibliographen darauf, ihn in die Hand zu nehmen, in der Bibliographie erhält er dann ein Sternchen. In der zweiten Recherchephase werden Mitglieder der sechs

Mitarbeiter umfassenden Projektgruppe, die immerhin die Sprachen Russisch, Polnisch, Englisch, Französisch, Spanisch und Italienisch abdeckt, je zwei Wochen nach Paris, London, Moskau und Washington in die großen Welt-Bibliotheken reisen dürfen. Der Kollege, der nach Washington, bibliographisch das Tor zu Asien, fährt, wird vorher einen 10tägigen Japanischkurs für Bibliothekare besuchen, um gewisse Grundregeln der Transkription zu erlernen. Bibliothekare müssen im Lesen flexibel sein und für das Wesentliche der Titelaufnahme alle Sinne nutzen. Sie sitzen auch schon einmal tastend vor einer Braille-Blindenschrift und entdecken dann auch tatsächlich einen Zarathustra von 1910.

Zum Abschied führen die Navigateure zu ihrem bedrohten Schatz hinter der Schloßkapelle in einem ehemaligen Treppenhaus. Unter der Signatur C 1 bis C 776 stehen graue Pappschachteln. In jeder Schachtel steckt ein Buch. Das also ist die verbliebene Privatbibliothek Nietzsches. Ihre Papierqualität ist schlecht. Die Holzfasern wurden bei der Papierherstellung mit schwefelhaltigen Bindestoffen geleimt, das Papier zog Wasser, Säure entstand. Die Bücher haben die Tendenz, sich selber aufzufressen. Auch diese Bände sind verfilmt. Aber Dr. Frank Simon-Ritz hat noch einen weitergehenden Traum. Man könnte die Bibliothek digitalisieren, zumindest die 50 Bücher, die deutliche Lesespuren von Nietzsche aufweisen.
Es gibt bereits einen Katalog, erstellt von einer italienischen Forschungsgruppe, der die Lesespuren sämtlicher Seiten der Bücher verzeichnet, allerdings nach rein formalen Kriterien: Seite 33, Bleistift schwarz, oder Tinte blau, oder Eselsohr. Wäre die Bibliothek digitalisiert, könnte man in dem Katalog navigieren, »Bleistift schwarz« mit der Maus anklicken und direkt die Seite der Eintragung ansehen. Jeder könnte Nietzsches hand-

schriftlichen Kommentare bei sich zu Hause am Computer lesen.
Was notierte er also in dem stark durchgearbeiteten Werk von Maximilian Drosbach »Über die scheinbaren und wirklichen Ursachen des Geschehens in der Welt«? Nietzsche schreibt »gut, ja«, auch »Unsinn« oder »Hornvieh«. Da, wo Drosbach vom »Streben nach Entfaltung« spricht, notiert Nietzsche in kleiner steiler Schrift: »Wille zur Macht, sage ich«, und auf derselben Seite, wo vom »Streben nach Herstellung stets vollkommenerer Verbindungen« die Rede ist, kontert er: »o Esel!«
Eine Berliner Firma macht gerade die ersten kostenlosen Versuche mit der elektronischen Schrifterkennung. Der Scanner hat aber noch Schwierigkeiten mit den verschiedenen Schrift-Materialien. Er versteht nicht immer, daß ein Bleistiftstrich wichtig ist.
Dr. Simon-Ritz schiebt das Buch wieder in die graue Schachtel und stellt es zu den anderen grauen Schachteln. Er lächelt ein tiefes Eisblau. Von Wilamowitz-Moellendorf lächelt graublau hinter randlosem Glas.

Tod in Portbou

Collioure, Port Vendres, Banyuls, entlang der Côte Vermeille ist das Zeichen des anderen Landes von weitem sichtbar: Die Ausläufer der Pyrenäen markieren immer wieder einen Halt, den die kleine Bahn unterirdisch in Tunneln bewältigt. Cerbère endlich, der Grenzort auf französischer Seite, ist vor allem Gleisanlage, deren einzige Aufgabe zu sein scheint, im Schlund des Berges zu verschwinden. Am Ende des Tunnels liegt schon Portbou, das entsprechende Gleissystem auf spanischer Seite. Eine symmetrische Stahlfigur aus Schienen umklammert so den Bergrücken, der zwei Länder trennt. Dies- und jenseits der Pyrenäen verkehren Züge mit unterschiedlicher Spurbreite. Die Grenzbahnhöfe Cerbère und Portbou sind Rangierstationen. Reisende, die von Frankreich kommen, müssen in Portbou umsteigen und warten in der Stahlkonstruktion jenes Bahnhofs, den Gustav Eiffel entworfen hat. Kaum einer von ihnen aber würde hier freiwillig halt machen, es sei denn, er wollte weiter.

Seit Mai diesen Jahres erinnern in Portbou Stahlpassagen an einen deutschen Philosophen, der bleiben mußte, um diesen Ort zu verlassen.

*

»In Erinnerung an Walter Benjamin (*1892, †1940 Portbou) und die europäischen Exilierten der Jahre

1933 bis 1945 hat Dani Karavan in der spanischen Grenzstadt Portbou den Gedenkort Passagen gestaltet.« Hoch über dem Meer, auf dem Hügel, wo der Vorplatz des Friedhofs beginnt, kündigt eine Tafel ein besonderes Terrain an. Und wie ein Wegweiser notiert sie auf einer Skizze verschiedene Stationen in dieser Landschaft des Gedenkens: »1. Strudel, Welle, Fels, 2. Korridor, 3. Olivenbaum, 4. Plattform«. Zum Ensemble des Platzes gehören weiter die sprechenden Steine der rituellen Kultur, das »Grab von Walter Benjamin, Nische 563«, es beherbergte den Leichnam für fünf Jahre, bevor er in ein heute nicht mehr existierendes Sammelgrab überführt wurde; weiter sind zwei »Gedenktafeln« vermerkt. Die katalanische Gemeinde Portbou stiftete dem Ausländer Walter Benjamin nach Ende der Franco-Diktatur 1979 eine weiße Marmortafel am Friedhofseingang und 1990 eine zweite, zu seinem 50. Todestag. Ein deutsches Zeichen der Erinnerung gab es bis dahin nicht.

Portbou an einem Sommerabend, oben am Friedhof über der Bucht: das ist ein Ort für kleine Fluchten. Ein älteres Ehepaar geht im lau werdenden Wind spazieren; eine junge Mutter führt ihre Kinder zum letzten Spielen vor dem Schlafengehen in das struppige Gelände voller Malven, wildem Hafer und Kamillen, den Jungen mit dem Ball, das Mädchen mit der durchlöcherten Schuhschachtel wie für Maikäfer, ein paar Hunde streunen, während ihre Herren joggen, Jugendliche sind melancholisch, und die etwas Jüngeren testen ihr Mountainbike. Es ist die Stunde, in der die schwarzgekleideten Frauen kommen, um zu den Gräbern zu gehen. Die Schatten der gegenüberliegenden Grenzberge verdunkeln das Wasser der Bucht zu einem tiefen Indigo. Das Abendlicht illuminiert die weiße, in einer unterbrochenen Diagonalen abfallende Friedhofsmauer und läßt den ersten Fremdkörper einer künstlichen

»Passage«, die Seitenansicht des »Korridors«, kupfern aufleuchten unter einem stahlblauen Himmel. Der israelische Künstler Dani Karavan hat für seine Installationen in Portbou Corten-Stahl verwandt, ein Material, das zum einen an die Stahlarchitektur der Pariser Passagen erinnert, zum andern in einer Art Mimikry mit den Licht-Farb-Reflexen des Gesteins der Côte Vermeille, der rötlichen Küste, spielt. Die obere Linie des »Korridors« nimmt die Fallinie der Friedhofsmauer von ihrem höchsten Punkt, der Kapelle, wieder auf und führt sie, unsichtbar als unterirdischer Treppenschacht, in den Fels hinein. Der Blick hinunter wird konzentriert auf die im Abgrund weiß schäumenden Wellen, die sich manchmal für einen Moment zum Strudel drehen.

*

Wenige Wochen nach Benjamins Tod war Hannah Arendt nach Portbou gekommen, um das Grab zu suchen und hatte geschrieben: »Der Friedhof geht auf die kleine Bucht, direkt auf das Mittelmeer (...). Es ist bei weitem eine der phantastischsten und schönsten Stellen, die ich je in meinem Leben gesehen.« Weiße vier- und mehrstöckige Wandnischengräber steigen in Terrassen gegen den Himmel an. Von Eiben und Oleander beschattet, durchziehen ihren Reihenrhythmus rote Terrakottawege. Eibengesäumt verbindet eine hohe Steintreppe die verschiedenen Ebenen bis hinauf zur Kapelle. Hier, in dem links abführenden Nischenweg, findet sich das Grab Nr. 563. Es ist mit kleinen, in der Sonne verblaßten Kunststoffblumen geschmückt, einer Nelke, einem Band. Der Weg führt weiter zum hinteren Ausgang des Friedhofs, wo rechts und links leere Rasterwände mit dem Muster von vier mal vier Schächten von künftigen Gräbern künden. Hinter die

Friedhofsmauer hat Dani Karavan die quadratische Stahlplatte gelegt, deren Zentrum ein Quader besetzt. Soll diese »Plattform« an die Grabplatte erinnern, die für Benjamin fehlt, da es sein Grab nicht mehr gibt, oder soll sie betreten werden? Sie liegt auf der Höhe der Kapelle und ist mit dem Quader als Podest ein Ort des überblickenden Verweilens, des Schauens, das, über den Friedhof hinweg, doch gefiltert wird durch einen Maschenzaun. Erst hinter seinem Eisendraht gibt er die Bucht frei, die seewärts abfallenden Berge, die Linie des Horizonts.

Das kleine Mädchen mit dem Schuhkarton hat sich auf den Quader gesetzt, der Junge rollt mit der Fußspitze den Ball über die Eisenplatte; die Mutter schaut auf die Bucht. Die schwarzen Frauen kommen plaudernd vom Friedhof herauf und machen sich auf den Heimweg hinunter ins Dorf. Sie passieren eine seltsame Treppe, die einige Stufen weit hinaufführt, um abzubrechen. Sie führt ins Nichts. Nicht ganz. An der Seite der Friedhofsmauer wächst ein kleiner, alter Olivenbaum, der, hier oben auf dem kargen Felsen, dem Meerwind ausgesetzt, Mühe mit dem Überleben hat. Wer sich fragt, wohin die Stufen führen, wird diesen Baum sehen.

Hier führt der Rundweg zum Ausgangspunkt, dem Korridor, zurück. Das alte Ehepaar steigt aus dem wie mit hohen Schiffsbauplatten konstruierten Stahlschacht empor und grüßt auf katalanisch. Und während nun auch wir auf den Eingangsschacht zugehen, fällt unser Blick noch auf den Mountainbikefahrer. Und wir wissen nicht, was uns in diesem Moment mehr erschreckt, der fallende Schacht oder die riskante Artistik des Jungen, der haarscharf an der Felskante oben, wo der Korridor mit dem Eingang in der Erde verschwindet, auf dem Hinterrad balanciert.

⋆

Im Innern ist es dunkel und kühl. Die hohen Stahlplatten sind tiefrot und blättern blaugrau ab. Corten-Stahl bildet eine Patina, mit dem das Material sich vor weiterer Korrosion schützt. In dem Maß, wie sich die Augen an das Dunkel gewöhnen, intensivieren sich die Farbnuancen der Stahlwände zu einem Blau oder Burgunderrot oder Kupfer. Hier im Innern des Stahlkörpers könnten wir überall sein an Nicht-Orten des Transits: in einem Schiffscontainer, einem Eisenbahnwaggon, in einer Unterführung. Die Schritte auf den Stahlstufen haben einen Nachhall, die Stimme ändert ihren Ton. Nach der Hälfte des Weges bricht der »Korridor« aus dem Fels heraus, da, wo Stahldecke war, ist nun Himmel. Die Stufen führen weiter dem Strudel entgegen. Bis der Abstieg an einem äußersten Punkt angehalten wird durch eine schräg in den Schacht eingelassene Glaswand. Wer der Neigung der Glaswand mit der Neigung seines Körpers folgte, würde fallen – wäre da nicht das Glas. Zwischen Himmel und Abgrund wird der Hinabsteigende in die Situation kurz vor dem Sturz geführt. Um dort verwandelt zu werden: durch die Schrift. Der Passant wird zum Leser, der Durchgang führt zum Text. Vor dem Hintergrund der Stahlstufen, die unbetretbar noch weiterführen, erscheinen, eingraviert in das Glas, Sätze, auf katalanisch, spanisch, französisch und englisch. Erst zuletzt wird auch der deutsche Originaltext lesbar oben auf der Platte, vor einem Hintergrund von Himmel und Meer: »Schwerer ist es, das Gedächtnis der Namenlosen zu ehren als das der Berühmten. Dem Gedächtnis der Namenlosen ist die historische Konstruktion geweiht. Walter Benjamin, G.S. I, 1241«. Da der Originaltext am oberen Rand der Glasplatte nicht gegen das Dunkel der Stufen, sondern gegen die helle Ferne absticht, kann die Schrift allein als Schatten im Glas erkannt werden. Die Worte von der Schwierigkeit, der Namenlosen zu gedenken, scheinen in die Luft geschrieben.

*

Benjamins Flucht über die Pyrenäen und sein Tod im spanischen Grenzort Portbou, 1940, dem Nadelöhr zur Freiheit, sind zu einem modernen Mythos geworden. Der deutsch-jüdische Kulturphilosoph, der auf der Flucht vor der Gestapo durch Vichy-Frankreich am Ende über Weinberge und Macchia zu Fuß nach Spanien gelangt, um dort, schon auf freiem Boden, mit der Abschiebung konfrontiert zu werden, der dann den Freitod einer Auslieferung an die Gestapo vorzieht, bot sich an als ein Symbol für die Situation der europäischen Exilierten der Jahre 1933–1945.

Der schnell vergessene amerikanische Journalist Varian Fry hatte von Marseille aus in den Jahren 1940/41 Tausenden zur Flucht verholfen, um später selbst in New York als ein Gestrandeter zu sterben. Sein Buch »Auslieferung auf Verlangen« und der Bericht von Benjamins Führerin Lisa Fittko »Mein Weg über die Pyrenäen« erzählen die Geschichte der Fluchten durch Frankreich in ihren komischen, ihren verzweifelten und ihren tapferen Varianten.

Was Benjamins Tod in Portbou betrifft, schien niemand an einem Freitod ernstlich gezweifelt zu haben. Im Zusammenhang mit dem Doppeljubiläum 50. Todestag (1990) und 100. Geburtstag (1992) und der Ausstellung »Grenzüberschreitungen« recherchierte der »Arbeitskreis selbständiger Kulturinstitute« (AsKI, Bonn) von neuem. Der Aufmerksamkeit der Historikerin Ingrid Scheurmann ist es zu verdanken, daß nicht nur neun verschollene Dokumente wiedergefunden werden konnten, sondern daß längst Bekanntes sich durch ihr genaues Hinsehen jetzt erst erschloß. Bislang waren Nachforschungen daran gescheitert, daß der Totenschein, der bekannt und bereits 1972 publiziert worden war, einfach nicht ernst genommen wurde. Die katalanischen Behörden hatten ihm, der Deutlichkeit halber, noch ein Photo beigeheftet. Die Evidenz der Photographie nun hat immer wieder übersehen lassen, was in der Rubrik »NOMBRE Y APELLIDOS« in feiner Kanzleischrift eingetragen war: »Walter Dr.« und darunter, etwas kleiner, »Benjamin«. Mehr war nicht nötig, um Papier in der Registratur unauffindbar zu machen. Walter Benjamin wurde in Portbou als »Sr. Walter«, als »Herr Walter« geführt, ein Umstand, der Ingrid Scheurmann zwanzig Jahre nach Publikation des Dokuments auffiel. Zur Namensvertauschung hatte es vermutlich kommen können, weil »Benjamin« ein in Spanien geläufiger katholischer Vorname ist, »Walter« jedoch gänzlich unbekannt. Der nicht praktizierende Jude Walter Benjamin wurde denn auch auf dem Friedhof der Kirchengemeinde Santa Maria de Portbou nach katholischem Ritus beerdigt.

Als Ingrid Scheurmann begann, nach der Akte »Walter, Dr.« zu suchen, wurde sie im Gemeindearchiv von Portbou fündig, nicht mehr aber im Amtsgericht von Figueras. Dorthin war Benjamins Hinterlassenschaft – wie jetzt rekonstruierbar – »zusammen mit allen Papieren, Dokumenten und Gegenständen, welche in diesem Ermittlungsverfahren zu den Akten gelegt wurden« am 5. Oktober 1940 gebracht worden. 1975 nun zog das Gerichtsarchiv in ein anderes Gebäude um; durch Wasser oder Ratten verdorbene Altbestände wurden weggeworfen. Heute ist kein Vorgang »Walter Dr.« mehr zu finden. Bis dahin aber hätte dort nach dieser Akte vielleicht mit Erfolg gesucht werden können. Was mit Benjamins letzten Dingen geschehen ist – »einer ledernen Aktentasche, wie sie die Geschäfts-

leute benutzen, einer Herrenuhr, einer Pfeife, sechs Photographien, einem Röntgenbild, einer Brille, verschiedenen Briefen, Zeitschriften und einigen wenigen anderen Papieren, deren Inhalt nicht bekannt ist, sowie auch etwas Geld« – bleibt unbekannt.
Ob freilich mit »einigen wenigen anderen Papieren« wirklich das vielumrätselte Manuskript gemeint ist, das Benjamin unter Einsatz seines Lebens retten wollte, ist damit noch nicht gesagt. Der tote Benjamin war vom herbeigeholten Arzt wie vom Priester bereits mit seinem Anzug bekleidet vorgefunden worden, dessen Taschen leer waren. Jemand muß alles, was er noch bei sich hatte – oder für die Nachwelt bei sich gehabt haben sollte – in die große Aktentasche geräumt haben. Dort (!) fand sich auch seine Taschenuhr.

*

Frau Henny Gurland und deren Sohn Joseph hatten Benjamin auf dem Weg ins Exil in Marseille kennengelernt. Man verabredete die gemeinsame Flucht über die Pyrenäen unter der Führung der Fluchthelferin Lisa Fittko. Sie hatten für Spanien ein Transitvisum; von Lissabon aus wollte Benjamin nach Amerika kommen. Auf dem Weg über die Berge dann kreuzen sie eine zweite Gruppe von Flüchtenden, unter ihnen Grete Freund. In Portbou treffen sie sich wieder. Sie erfahren, daß ihr Visum nicht mehr gelten soll (eine Bestimmung, die schon Tage später wieder aufgehoben wurde) und übernachten unter Polizeibewachung im Hotel Fonda de Francia (heute Hotel International). Am nächsten Morgen sollen sie nach Frankreich zurückgeschickt werden. Frau Gurland, ihr etwa sechzehnjähriger Sohn und Frau Freund werden zu Zeugen von Benjamins Tod.
Beide Frauen sprechen nicht ausdrücklich vom Freitod

Benjamins, äußern aber, er habe Morphium genommen. Diese Nachricht wurde immer wieder im Zusammenhang zitiert mit einem Bericht Arthur Koestlers. Er hatte Benjamin noch in Marseille getroffen und in seinem autobiographischen Roman »Abschaum der Erde« erzählt, wie beide das typische Flüchtlingsgespräch führten. Sie kamen auf die Frage, ob das nötige Gift zur Hand sei, um sich vor dem Schlimmsten, das nicht der Tod wäre, zu schützen. Koestler schreibt: »Er (Benjamin) besaß fünfzig Morphiumtabletten, die er zu schlucken beabsichtigte, falls er gefaßt werden sollte, er sagte mir, das sei genug, um ein Pferd umzubringen, und gab mir die Hälfte der Tabletten – für alle Fälle.« In der dreißig Jahre zuvor verfaßten englischen Originalausgabe von 1941 (»Scum of the Earth«) aber lautet die entsprechende Stelle (auch dies entdeckte Ingrid Scheurmann) ganz anders. »I had none (kein Gift), and he shared what he had with me, sixty-two tablets of a sedative, procured in Berlin during the week which followed the burning of the Reichstag. He did it reluctantly, for he did not know whether the thirty-one tablets left him would be enough.« Statt Morphium also »sedative«, Beruhigungstabletten, die sieben Jahre alt waren und vielleicht im Ernstfall zur Selbsttötung nicht tauglich. Koestler jedenfalls hat mit seiner Ration schlechte Erfahrung gemacht. Als er von Benjamins Suizid hörte, wollte er es ihm nachtun. Er habe aber, wie er schreibt, das Zeug nur erbrechen müssen.

*

Der 48jährige Walter Benjamin war schwer herzkrank und nach dem stundenlangen Gang über die Berge entkräftet. Den neuaufgefundenen Dokumenten ist zu entnehmen, daß der Arzt ihn mehrmals aufsuchte und einen blutdrucksenkenden Aderlaß vornahm. Schmerzstillendes Morphium wie auch Beruhigungsmittel wirken ebenfalls blutdrucksenkend. War es zu einer tödlichen Konjunktion dieser ärztlichen Maßnahme mit Benjamins möglichem Versuch gekommen, seinem Herzen Linderung zu verschaffen? Benjamins wiederentdeckte Hotelrechnung notiert vier Telephonate. Hatte er – wie während des Abendessens besprochen – noch versucht, das amerikanische Konsulat in Barcelona um Hilfe zu bitten?

Es sprechen ausreichend viele Gründe für einen Freitod Walter Benjamins in Portbou. Und es sprechen einige dagegen. Den neuen Dokumenten ist zu entnehmen, daß wenigstens in Portbou niemand von etwas anderem ausgegangen war als von einem natürlichen Tod (»Gehirnblutung«). Weder für den Arzt noch für den Priester noch für den Hotelbesitzer scheint das in Frage gestanden zu haben. Weiterhin ist nicht mehr sicher, ob Benjamin tatsächlich Morphium oder sonst eine tödliche Droge bei sich hatte. Am schwersten wiegt der intellektuelle Zweifel. Sollte er tatsächlich freiwillig aus dem Leben geschieden sein, ohne für das ihm Wichtigste, sein Manuskript, Sorge getragen zu haben? Henny Gurland hat nach eigenen Aussagen von Benjamin nur einen Brief an Adorno erhalten, den sie aber aus Angst habe vernichten müssen. Später referierte sie aus dem Gedächtnis seinen Inhalt: »fünf Zeilen (...), die besagten, daß Benjamin nicht weiter könne, keinen Ausweg sähe«. Aber genau diese Zeilen existieren nicht von Benjamins Hand.

Auch bei einem natürlichen Tod Walter Benjamins stellt sich die Frage, warum Henny Gurland sich nie mehr über das »Manuskript« in der Ledertasche äußerte. Schließlich hatten ihr Sohn und Lisa Fittko abwechselnd »das Monstrum« über die Pyrenäen geschleppt. Frau Gurland, die sich im nachhinein als unzuverlässige Zeugin erwiesen hat, muß gewußt haben, wie wichtig

Benjamin diese Papiere waren. Vielleicht meinte sie deshalb Grund zu haben, sich vor ihnen zu fürchten. Die Tasche mit den Papieren wird überhaupt erst zum Thema, als die alte Lisa Fittko vierzig Jahre später, in einem zufälligen Gespräch über Benjamin, das »Manuskript« erwähnt. Daraufhin ruft Gershom Scholem, Benjamins Nachlaßverwalter, sie an, und die bis jetzt ergebnislose Suche beginnt.

*

Heute kann jedermann Benjamins letzten Weg gehen. In dieser Landschaft flieht keiner mehr. Wer dem von Lisa Fittko aufgezeichneten Plan folgen will, überträgt ihn, sich an den Höhenlinien orientierend, am besten in die vor Ort erhältliche Wanderkarte »Banyuls, Col du Perthus, Côte Vermeille«. Weinberge ziehen sich in weiten Terrassen über die Hügel wie gelassene Schönschreibübungen einer göttlichen Hand. Nach dem ersten Aufstieg liegt unten nicht Portbou, sondern der Zwillingsort Cerbère noch auf französischer Seite. Mit einem Bestimmungsbuch können hier seltene Blumennamen gefunden werden. Im Sommer schaukeln die hohen Gratwege voller heller Immortellen. Erst wenn ein Tal umgangen und ein zweiter Grat erstiegen ist, zeichnet sich unten die Gleisanlage von Portbou ab. Der Abstieg nach Spanien ist kaum mehr begehbar. Die alten Schmuggelpfade sind überwachsen. Der internationale Schmuggel geht nun andere Wege. Wer trotzdem meint, den historischen illegalen Grenzübertritt vollziehen zu müssen, bezahlt diesen Wunsch nach Authentizität mit dem soliden Preis von Pilgerwunden, mit Kakteenstacheln und Dornen in der Haut.

Unten in Spanien dann eine Müllhalde, ein Schießplatz, das Gelände eines Sportklubs und die finstere Betonpassage, die unter dem Bahnhof hindurchführen muß. Nach der Unterführung beginnt die grünschattige Platanenallee mit dem Haus der Guardia Civil und den Touristengeschäften: Sombreros und Paella-Pfannen auf der Straße. Wir fragen die Fischfrau hinter einer Kiste voller Sepia, sie wischt sich sofort die Hände ab und führt uns hin. Portbou ist klein, die Verhältnisse sind nachbarlich. In der Restauranthalle des Hotel International läuft der Fernseher, besockte Männerbeine bemühen sich um einen Ball. Der Portier nickt freundlich. Und dann versteht er gleich: »Si, si, Signore Walter, Benjamin Walter, si, si.« Er streckt uns die Hände entgegen mit Fingern geöffnet wie Palmenzweige: »Muchos años«, ruft er und zeigt die gespreizten Hände, und er sagt es so, als seien die vielen Jahre, die seit Benjamins Hiersein vergangen sind, gar keine wirkliche Zeit gewesen, als sei nur der Augenblick ungeschickt, sonst würde er uns sofort zu ihm hochführen, als seien wir nur gerade etwas zu spät gekommen oder auch nur ein wenig zu früh.

*

Coda

Es gibt so schöne Friedhöfe an der Côte Vermeille, der rötlichen Küste, die in allen Tönen wechseln kann wie Corten-Stahl. Zum Beispiel Collioure, auch so ein kleiner Hafen, und nahe am Wasser die Gräber unter den Zypressen. Da liegt der spanische Dichter Antonio Machado, geboren 1875 in Sevilla, gestorben 1939 im französischen Collioure, an Erschöpfung. Symbolistischer Dichter, Kämpfer im spanischen Bürgerkrieg, Freund Rubén Daríos. Mit ihm liegt Ana Ruiz begraben, »Madre del poeta«, sagt der Grabstein. Sie ist mit ihrem Sohn über die Pyrenäen geflohen und hat ihn um drei Tage überlebt. Das Doppelgrab ist gepflegt. Ein Orangenbäumchen wächst zwischen anderen Töpfen voller Hortensien, Geranien und bunten Gebinden aus Papier und Stoff. Gedenktäfelchen und Souvenirs sind angebracht. Auf dem Grabstein liegen Peseten, in dem Kasten an der Seite des Steins stecken gefaltete Briefe.

Bibliographische Notiz

Dieser Band versammelt Texte, die davor in verschiedenen Publikationen erschienen sind, zum Teil unter anderem Titel. Hier sind alle Texte in der von der Autorin gewünschten Fassung zu lesen.

Reine Aussteigerinnen: GEO 12/1992
Unter Feticheusen: GEO 8/1993
Arkadischer Alltag: GEO Special Peloponnes: 3/1992
Mani: Merian Peloponnes 7/1996
Thessaloniki: Frankfurter Rundschau 27. 2. 1993
Unter Existenzgründern: du 5/1997
Händler der verlorenen Farben: ZEIT-Magazin 49/1992
Bis ins Mark: ZEIT-Magazin 26/1995
Von der Realität des Lebens: Neue Zürcher Zeitung, 24./25. 2. 1996
Nietzsche in Weimar: du 6/1998
Tod in Portbou: Frankfurter Rundschau, 8. 10. 1994

Angelika Overath

Angelika Overath, geboren 1957 in Karlsruhe, studierte Germanistik, Geschichte und Italianistik in Tübingen und promovierte mit einer Arbeit über die Farbe Blau in der modernen Lyrik. Nach drei Jahren in Thessaloniki kehrte sie zurück nach Tübingen. Heute lebt sie mit ihrer Familie im schweizerischen Sent im Unterengadin und arbeitet als freie Autorin und Literaturkritikerin. Zusammen mit ihrem Mann Manfred Koch hat sie verschiedene Anthologien herausgegeben. Für die in diesem Band nachzulesende Reportage »Bis ins Mark« erhielt sie den Egon-Erwin-Kisch-Preis für journalistische Arbeit (heute Henry-Nannen-Preis): Ihm folgten zahlreiche weitere Auszeichnungen, u.a. der Thaddäus-Troll-Preis für ihren Roman »Nahe Tage« und 2006 in Klagenfurt der Ernst-Willner-Preis. Ihr Roman »Flughafenfische« stand 2009 auf der Longlist des Deutschen und der Shortlist des Schweizer Buchpreises, 2015 folgte der Bündner Literaturpreis. Zudem war sie Stipendiatin des Deutschen Literaturfonds und Writer in Residence an der Queen Mary-University in London.

Zum Weiterlesen

Das andere Blau. Zur Poetik einer Farbe im modernen Gedicht, Metzler, 1987

Vom Sekundenglück brennender Papierchen. Wahre Geschichten, Libelle, 1998

Das halbe Brot der Vögel. Portraits und Passagen, Wallstein, 2004

Nahe Tage. Roman, Wallstein, 2005

Flughafenfische. Roman, Luchterhand, 2009

Alle Farben des Schnees. Senter Tagebuch, Luchterhand, 2010

Fließendes Land. Geschichten vom Schreiben und Reisen, Luchterhand, 2012

Sie dreht sich um, Roman, Luchterhand, 2014

Impressum

*Herausgegeben vom VZ VermögensZentrum
als exklusive Ausgabe der »Wahren Geschichten«,
erschienen bei Libelle.*

*Layout und Umschlagestaltung unter Verwendung eines Bildes
von Matthias Holländer: Philomena Phlox.*

www.libelle.ch

*Druck und Bindung:
Friedrich Pustet, Regensburg*

ISBN 978-3-905707-66-3